ISBN 978-3-8434-1011-3

Teresa-Maria Sura:
Rohköstliche Gourmet-Rezepte
für Genießer
© 2011 Schirner Verlag, Darmstadt

Umschlaggestaltung: Murat Karaçay, Schirner
Fotos und Layoutidee: Maria-Teresa Sura
Satz: Arne Gutowski, Schirner
Redaktion: Rudolf Garski & Bastian Rittinghaus, Schirner
Weitere Bilder: siehe Abbildungsverzeichnis
Printed by: FINIDR, Czech Republic

www.schirner.com

1. Auflage 2011

Teresa-Maria Sura

Rohköstliche Gourmet-Rezepte

für Genießer

Schirner Verlag

Inhalt

Dieses Buch widme ich DER LIEBE,
jener wunderbaren Kraft, die alles durchdringt
und unser Leben so lebenswert macht.

Das Hohelied der Liebe

Wenn ich mit Menschen- und mit Engelszungen redete und hätte die Liebe nicht,
so wäre ich ein tönendes Erz oder eine klingende Schelle.

Und wenn ich prophetisch reden könnte und wüsste alle Geheimnisse
und alle Erkenntnis und hätte allen Glauben, sodass ich Berge versetzen könnte,
und hätte die Liebe nicht, so wäre ich nichts.

Und wenn ich alle meine Habe den Armen gäbe und ließe meinen Leib verbrennen,
und hätte die Liebe nicht, so wäre mir's nichts nütze.

Die Liebe ist langmütig und freundlich, die Liebe eifert nicht, die Liebe treibt nicht Mutwillen, sie bläht
sich nicht auf, sie verhält sich nicht ungehörig, sie sucht nicht das ihre, sie lässt sich nicht erbittern, sie
rechnet das Böse nicht zu, sie freut sich nicht über die Ungerechtigkeit, sie freut sich aber an der
Wahrheit; sie erträgt alles, sie glaubt alles, sie hofft alles, sie duldet alles.

Die Liebe hört niemals auf, wo doch das prophetische Reden aufhören wird
und das Zungenreden aufhören wird und die Erkenntnis aufhören wird.

Denn unser Wissen ist Stückwerk und unser prophetisches Reden ist Stückwerk.

Wenn aber kommen wird das Vollkommene, so wird das Stückwerk aufhören.

Als ich ein Kind war, da redete ich wie ein Kind und dachte wie ein Kind und war klug wie ein Kind;
als ich aber ein Mann wurde, tat ich ab, was kindlich war.

Wir sehen jetzt durch einen Spiegel ein dunkles Bild; dann aber von Angesicht zu Angesicht.
Jetzt erkenne ich stückweise; dann aber werde ich erkennen, wie ich erkannt bin.

Nun aber bleiben Glaube, Hoffnung, Liebe, diese drei;
aber die Liebe ist die Größte unter ihnen.

Empfehlung und Grußwort von Britta Diana Petri

Liebe Leserinnen und Leser,

lassen Sie sich von Teresa-Maria Sura in ihre wundervolle Welt der Gourmet-Vitalkost entführen. Erfahren Sie, wie es ist, mit jeder Mahlzeit »Liebe« zu sich zu nehmen und das Essen so zuzubereiten, dass es Augen und Gaumen gleichermaßen erfreut und bezaubert. Geben Sie sich bei der Zubereitung Ihrer eigenen Kreativität hin, und erleben Sie »Nahrung in einer neuen Dimension«. In diesem Werk gibt sich Teresa mit viel Liebe zum Detail ganz dem künstlerischen Schaffensakt hin und ehrt damit die Gaben der Natur, die uns als Nahrung dienen, auf ihre ganz eigene Weise.

Seit vielen Jahren kenne ich Teresa vorwiegend durch die Messen und Festivals, die sie mit ihrem Mann und ihrem Team jedes Jahr auf die Beine stellt. Sie gehört zu den Menschen, die authentisch und voller Hingabe ihre Projekte durchziehen und mit Herz und Seele in ihrer Arbeit aufgehen. So leistet Teresa-Maria Sura ihren ganz individuellen Beitrag dazu, diese Welt ein bisschen liebevoller, bunter, schöner und lebenswerter zu gestalten. Ein großer Schritt in diese Richtung ist ihr mit dem vorliegenden Buch gelungen!

Da ich mich schon seit frühester Jugend mit Gesundheits- und Ernährungsthemen befasse, konnte ich bis zum heutigen Tag einen umfangreichen Wissens- und Erfahrungsschatz ansammeln, der in der veganen Vitalkost und der holistischen Lebenskunst seinen Höhepunkt gefunden hat. Wie habe ich mich gefreut, als Teresa erstmals auf dem Rainbow Spirit Festival 2010 die »Spirit & Food-Galerie« ins Leben rief. Es war wundervoll, die vegane Vitalkost auf dem Festival zu präsentieren und auch Vorträge zum Thema zu halten. Bislang hatte ich das vorwiegend auf Fachmessen getan. Diese Art der natürlichen Frischkosternährung ist die höchste Ernährungsform des Menschen, weil sie nicht nur artgerecht und leicht verdaulich ist, sondern auch den größten Vitalstoffreichtum bereithält, beste Voraussetzungen für Gesundheit schafft und uns sowohl körperlich als auch spirituell voranbringt. Das Besondere an der veganen Vitalkost ist die Fülle an Nährstoffen und Informationen, die sie mit sich bringt. Es ist Licht und Leben pur, was wir uns beim Verzehr dieser Nahrung einverleiben.

Unter den verschiedenen Rohkostrichtungen herrschen unterschiedliche Ansichten über Zutaten und Arten der Zubereitung vor. Von Instincto-Rohkost, die auch rohes Fleisch beinhalten kann, über den Fruktarismus bis hin zur Urkost mit Wildkräutern wird relativ wenig »zubereitet«. Die Rohkost wird üblicherweise so natürlich wie möglich gegessen. Als ich mich in den Neunzigern in die Bereiche der natürlichen Gesundheitslehre und der Rohkosternährung einarbeitete, gab es kaum Erfahrungen mit kreativer Zubereitung auf Gourmet-Niveau. So war es damals recht schwierig, die Rohkost gesellschaftsfähig zu machen, und man nahm als Rohköstler eher die Rolle eines Exoten oder Außenseiters, jedenfalls eine Sonderstellung, ein. Es herrschte die Meinung vor, dass Rohköstler »auf den Genuss verzichten« müssen, wenn sie der konventionellen Ernährung entsagen – was aber nicht den Tatsachen entspricht.

In den letzten Jahren jedoch ist eine große Wandlung vor sich gegangen: Wir haben die Rohkost zur veganen Gourmet-Vitalkost weiterentwickelt, was weltweit dazu beiträgt, dass sich viele Augen, Münder und Herzen für diese Ernährungsform öffnen. Es beginnt schon eine richtige Vitalkost-Bewegung! Die vegane Gourmet-Vitalkost ist nicht einfach nur Essen. Sie ist Nahrung, Licht, Information und pure Lebenskraft für die Zellen. Sie ist Genuss für alle Sinne, sie ist Kunst, Freude, Liebe, eine Hymne an Mutter Erde und ihre Pflanzen, durch die sie uns nährt. Jede Mahlzeit wird geschmacklich und optisch zu einem Kunstwerk erhoben, ist ein Schöpfungsakt, den wir aufessen können und der uns ganzheitlich Erfüllung und optimale Gesundheit ermöglicht.

Es gibt kaum ausreichende Wörter, um zu beschreiben, was die vegane Gourmet-Vitalkost alles beinhaltet, bedeutet und bewirkt. Das vorliegende Buch gibt Ihnen die Möglichkeit, Gourmet-Vitalkost auf eine künstlerisch ansprechende und ausgesprochen liebevolle Weise – à la Teresa-Maria Sura – zu erleben!

Was mich mit Teresa verbindet, ist eine Herzensfreundschaft, die über Zeit und Raum hinausgeht, das stille Einverständnis in einem Geist und die Essenz des intuitiven und kreativen Schaffens im Spektrum des Regenbogens. Danke, liebe Teresa, für deine individuelle, erfrischende Art, den Spirit der veganen Rohkost zu kommunizieren und den Menschen auf diese Weise zugänglich zu machen!

Britta Diana Petri

Britta Diana Petri ist Gründerin und Leiterin der »Rainbow-Way® Akademie« (Schule für natürliche Gesundheitsvorsorge, vegane Vitalkost und holistische Lebenskunst). Sie bildet holistische Gesundheits-, Ernährungs- und Lebensberater, Vitalkostzubereiter und Vitalkost-Kreativchefs aus und gibt Fachfortbildungen, Seminare und Themen-Workshops rund um die Themen Gesundheit, Ernährung und Lebenskunst. Viele kennen sie von Messen und Festivals oder durch ihre Vorträge. Britta Diana Petri ist selbst seit über 20 Jahren Vitalköstlerin und hat ihre ganz eigene Art der veganen Erlebnis-Vitalkost entwickelt.

Danksagung

Ein inniges Dankeschön gilt meinem geliebten Mann Thomas Mariam, der die absolut treibende Kraft ist, wenn es darum ging und geht, meine Buchprojekte rund um die Themen Rohkost und Smoothies zu verwirklichen. Ohne ihn gäbe es dieses Buch nicht. Er sowie meine Verleger Heidi und Markus Schirner waren die Impulsgeber, dass plötzlich alles sehr schnell und spontan ins Rollen kommen konnte. Danke also auch euch beiden von Herzen, Heidi und Markus. Euer Enthusiasmus, eure Zielstrebigkeit und deine unglaublich liebenswerte Art, Heidi, waren und sind eine echte Unterstützung.

Ein großes Dankeschön gilt auch dir, lieber Stephan. Ohne deine unermüdliche Hilfe bei aufwendigen Recherchen, bei der Zubereitung der Speisen und bei so vielem mehr hätte ich die Buchprojekte niemals so rasch umsetzen können. Danke an Rudolf, meinen Lektor, der mir jederzeit hilfreich zur Verfügung stand und es schaffte, mich am Ball zu halten, ohne mich zu sehr unter zu großen Druck zu setzen. Ein echtes Kunststück bei dem knappen Zeitfenster, das wir hatten. Arne, du bist eine echte Bereicherung für mich, denn wie du es schaffst, ohne dich »einzumischen« meine Gestaltungsideen für dieses Buch zur Vollendung zu bringen, ist einfach nur genial.

Danke dir, Britta, für deine unendlich liebevolle Ermutigung, meinen ganz eigenen Weg beim Thema Rohkost zu gehen. Du bist ein echter Schatz, und deine Meinung bedeutet mir sehr viel. Danke, dass du dein reiches Wissen so großzügig mit mir teilst, du bist ein echtes Geschenk. Danke an meine Mutter Waltraut, meine Schwester Uschi und meine Schwiegereltern Liesel und Peter, die schon öfter bereitwillig »Versuchskaninchen« waren und meine Kreationen getestet und für gut befunden haben. Und wenn die eigenen Eltern etwas gut finden, das ist dann schon was Besonderes. Uschi, deine Begeisterung war stets ein Ansporn für mich.

Danke, Margret, dass ich wochenlang deine tolle Digitalkamera verwenden durfte. Danke an all die unzählig vielen Freunde, die mich seit Jahren wieder und wieder ermutigt haben, mich an ein Buchprojekt zu wagen, und ebenfalls – wann immer sich Gelegenheit dafür bot – fleißig am Probieren meiner Kreationen waren und sind. Dazu gehören so wundervolle Menschen wie: Aneeta und Peter, Renate, Paro, Satyaa und Pari, Deva Premal und Miten, Rick, Rhea, Brandon, Gaby – und so viele, viele andere.
Ihr alle habt maßgeblich dazu beigetragen, dass es nun dieses Buch gibt.

Bedanken möchte ich mich auch bei all den Menschen, die ihr Wissen rund um die Themen Rohkost und Vitalkost in Form von Büchern, DVDs und Websites teilen und mir dadurch sehr geholfen haben. Auch hier könnte ich viele Namen nennen: Der Engländer Russel James ist sicher eine der herausragenden Inspirationen für mich. Seine Art, mit Rohkost umzugehen, die ästhetische Art, es zu präsentieren, ist mir sehr nah.

In Liebe und Verbundenheit
Teresa-Maria

Zu diesem Buch

Meine Absicht und mein Wunsch sind es, Sie mit diesem Buch auf eine Reise in meine Welt von »taste-of-love« mitzunehmen. Es soll vor allem eine visuelle Reise werden.

Aber selbstverständlich werde ich Sie auch mit wichtigen Informationen, Tipps und reichlich Rezepten versorgen. Doch mein Fokus – und das ist meine Einladung an Sie – liegt auf dem Betrachten und Sich-inspirieren-Lassen von alledem, was ich mit Ihnen teilen möchte.

Es gibt schon zahlreiche Rezeptbücher, und heute erscheinen mehr denn je. Es gibt fantastische Fachbücher zu nahezu jedem Ernährungsthema, das man sich nur vorstellen kann.

Mein Ziel und mein Anspruch bei diesem Buch sind es nicht, ein klassisches Rezeptbuch oder ein Fachbuch zum Thema Ernährung oder speziell Rohkost zu schreiben. Auf meiner Website www.taste-of-love.de finden Sie viele Tipps für hervorragende Rezept- und Fachbücher sowie Informations- und Bezugsquellen, die regelmäßig von mir erweitert und aktualisiert werden.

Dieses Buch soll Sie verführen. Es soll Sie dazu verführen, Neues auszuprobieren, vielleicht Ihren Blickwinkel zu ändern, vielleicht sogar, etwas zu riskieren …

Für mich ist die Zubereitung schon ein Teil der Speise selbst. Das Fühlen, das Sehen, das Riechen, das Schmecken, diese ersten Berührungen mit den Zutaten, angefangen bei der Auswahl im Bioladen, auf der Wiese oder in unserem Garten bis hin zu dem Moment, in dem ein wundervolles Gericht auf dem Tisch steht, empfinde ich als unglaublich nährend.

Je bewusster wir mit den Nahrungsmitteln umgehen, desto erstaunlicher wird das Ergebnis. Essen, das mit Freude und Achtsamkeit zubereitet wird, schwingt voller Liebe. Die Zubereitung wird dann nicht als lästige Pflicht, sondern als kreativer Ausdruck erlebt und kann ungemein entspannend sein.

Essen, das in dieser Haltung zubereitet wurde, hat nicht nur optisch, sondern auch energetisch eine völlig andere Qualität. Entschleunigung, Slow Food – das sind neue Begriffe, denen wir immer häufiger begegnen und die die Sehnsucht nach Lebensqualität, nach Innehalten und nach dem, was uns wirklich nährt, ausdrücken. Fangen Sie damit in Ihrer eigenen Küche an, und Sie werden staunen, wie viel Freude es macht und wie gut das nicht nur dem Körper, sondern vor allem auch der Seele tut.

Ich freue mich nun sehr, Sie auf eine sinnliche Reise der Nahrungszubereitung mitzunehmen. Mein Motto ist: Es sieht nicht nur schön aus, schmeckt nicht nur herrlich, sondern tut vor allem unglaublich gut – Genießen ohne Reue!

Diese Rezepte zeigen, wie aus zwei Grundzutaten, Liebe & Freude, die köstlichsten Gerichte entstehen! Ich habe nie zuvor so lecker gegessen! Jede Zutat in Teresas essbaren Rohkost-Symphonien bringt den Körper zum Klingen und lässt uns die unendliche Schönheit um uns herum vollends genießen – eine Schönheit, die im wahrsten Sinne des Wortes nährend ist!

Pari Laskarides
Musiker (»Satyaa & Pari«) und Spiritueller Lehrer

Wir können uns glücklich schätzen, zu den Genießern von Teresas Kochkunst zu gehören. Wer Rohkost für geschmacklich begrenzt hält und sich von ihr keine Genüsse verspricht, muss jetzt umdenken! Teresa präsentiert ihre Kombination aus gesundem und wohlschmeckendem Essen auf derart kreative Weise, dass sie unsere Vorstellungen sprengt und unsere Geschmacksnerven zu einem neuen, gesunden und beglückenden Lebensstil verführt.

Peter Makena
Musiker & Songwriter

Teresas Gerichte sind nicht zuletzt deshalb so köstlich, kreativ und einzigartig, weil in ihnen der Nektar von Mutter Erde und die tief gelebte Liebe zu all ihren Geschöpfen Gestalt annimmt und weil sie mit dem Gaumen auch zugleich unser Herz öffnen.

Renate Busam
Advaita- & Meditationslehrerin und spirituelle Heilerin

Teresa ist eine außergewöhnliche Essens-Künstlerin. Alles, was sie zubereitet, ist nicht nur gesund, sondern auch zutiefst köstlich und wunderschön. Sie vertraut ihren kreativen Instinkten wie kein anderer, den ich kenne, und das erlaubt ihr, frei und mutig zu forschen und 1001 neue Möglichkeit zu entdecken. Sie schafft es, ihre fantastischen, innovativen Kreationen auch jedem Hobbykoch zugänglich zu machen, und ist die perfekte Anführerin für Abenteuerreisen in die köstliche, nahrhafte Welt der neuen Rohkost.

Aneeta Makena
Leitung der Sufi Dance & Heart Dance Events auf dem Rainbow Spirit Festival, gemeinsam mit ihrem Mann Peter Makena Leiterin der Soulsound-Seminare

Teresa hat die erstaunliche Fähigkeit, Liebe in Nahrung zu verwandeln. In diesem Buch lehrt sie mehr als nur eine Kochmethode: Sie zeigt uns, wie man beim Zubereiten der wunderbaren Ess-Kreationen sein Herz öffnen und seine Liebe in Form schöpferischer Mahlzeiten verströmen kann. Dieses Buch ist Nahrung für Leib und Seele.

Rhea Powers
Bestseller-Buchautorin und Referentin

Meine Küche ist mein Spielplatz

»Mit Essen spielt man nicht.«
Viele von uns kennen diesen Satz vielleicht noch aus der Kindheit. Ich sage: Spielen Sie unbedingt mit dem Essen!
Dann können Sie es nämlich mit umso mehr Vergnügen genießen. Machen Sie Ihre Küche zum Spielplatz!

Wenn wir Besuch bekommen und die Leute neugierig meine Küche betreten, dann ist es mir oftmals fast schon ein wenig peinlich, denn diese winzige Küche steht bis in den letzten Winkel voll und es gibt meistens kaum eine freie Arbeitsfläche, weil ich dort ständig werkle.

Doch die Gäste reagieren immer entgegengesetzt: »Ah, oh, wie schön … das ist ja wie in einem kleinen Kaufladen, eine Hexenküche.« Ein Bekannter meinte einmal, er würde in meiner Küche am liebsten eine Woche Urlaub machen. Am Anfang war ich immer fassungslos und habe mich gefragt, woher das kommen könnte – wo doch der heutige Trend cool, puristisch, »leer« ist. Wenn mehr als drei Leute meine Küche betreten, während ich darin arbeite, dann wird es schon kritisch voll. Aber es ist jedes Mal schwierig, die Leute wieder hinauszubewegen.

Was ist also los mit meiner Küche? Ich habe mittlerweile verstanden, dass diese Küche genau mein Schaffen, meine Kreativität und meine Liebe zu dem, was ich tue, ausdrückt. Sie ist lebendig, sie pulsiert förmlich. Meine Freundin, die Künstlerin Devasree meinte einmal, die Küche sei mein Atelier, so wie bei ihr die Malwerkstatt. Ja, das stimmt. Sie ist mein Atelier und mein Spielplatz.

Es gibt unzählig viele kleine Welten innerhalb meiner Küche. Obwohl sie so winzig ist, hat sie viele Plätze für schier endlose Details und einfach nur schöne Dinge, die nur dazu da sind, das Auge im Hier und Jetzt zu erfreuen. Genau dieses Umfeld liebe ich persönlich, und es inspiriert mich Tag für Tag aufs Neue und bereitet mir viel Freude.

Ich hätte, weiß Gott, nichts gegen eine größere Küche einzuwenden. Vor allem mein Mann, der sich heldenhaft in dieser Küche durchschlägt, wäre begeistert von mehr Platz. Aber eine größere Küche wäre sicherlich nicht leerer, sondern böte einfach noch mehr Raum für all die Dinge, die mich faszinieren, die ich schätze und anscheinend wie ein Magnet anziehe.

Essen nährt unseren Körper – Kreativität nährt unsere Seele und beflügelt den Geist.

Setzen Sie die Prioritäten neu, und verbinden Sie die beiden Bereiche miteinander.
Lassen Sie das Zubereiten von Essen zu einer Meditation und einer Ausdrucksform Ihrer Liebe werden, und drücken Sie Ihre Kreativität im Alltäglichen aus. Nutzen Sie die Zubereitung ihrer täglichen Nahrung dazu, innezuhalten, sich und anderen Freude zu schenken und davon erfüllt im Hier und Jetzt anzukommen.

Lang habe ich mir eingeredet, dass ich für bestimmte Dinge, gerade die simpelsten alltäglichen Dinge wie Essen zuzubereiten, einfach keine Zeit habe. Ständig gab es etwas scheinbar Wichtigeres. Doch schließlich wurde mir klar, dass es letztlich eine Frage der Prioritäten ist, die wir selbst setzen – Tag für Tag aufs Neue. Was wir ständig aufschieben, kann sich schlecht realisieren.

Mir wurde eines Tages bewusst, dass ich mich häufig abends, wenn mein Mann schon im Bett ist, in der Küche wiederfinde und damit beschäftigt bin, etwas Schönes für das Essen am nächsten Tag zu kreieren. Das entspannt meinen Geist und weckt oftmals nach einem anstrengenden Tag eine ungeheure Freude in mir. Meine Kreativität darf endlich frei fließen, und der Alltagsstress löst sich auf. Die sinnliche Beschäftigung bringt mir eine große Befriedigung, und wenn ich dann oftmals spät nachts ins Bett gehe, habe ich ein fröhlich erfülltes Gefühl im Bauch. Den Stress und die Sorgen des Alltags nehme ich dann nicht mehr mit in den Schlaf, sondern das Entzücken über eine neue Kreation. Ich kann es dann kaum erwarten, meinen Mann am nächsten Tag probieren zu lassen.

Das Zubereiten und vor allem das Dekorieren von Speisen ist für mich eine Meditation. Die Schönheit dessen, was da auf dem Teller entsteht, die Farben, die Düfte, die Formen, die Texturen … all das holt mich vollkommen ins Hier und Jetzt, in meine Mitte. Ich war schon immer fasziniert von der Kunstfertigkeit und der Meditation, mit denen die tibetischen Sandmandalas entstehen. So viel Mühe, Liebe und Hingabe ans Detail … und dann – wusch! Von einem Augenblick zum nächsten ist alles dahin. Scheinbar dahin, denn die Schönheit, der Glanz, die Stille, die Vollkommenheit, einmal vom Betrachter aufmerksam wahrgenommen, bleiben in seinem Herzen lebendig. Wie der Anblick des Taj Mahal am frühen Morgen, ein überwältigend schöner Sonnenuntergang, der erste Blick in die Augen eines Neugeborenen bleiben diese Augenblicke, Momente der Zeitlosigkeit, in unseren Herzen bestehen, wenn wir ihnen offen und aufmerksam begegnet sind.

Ähnlich ist es für mich schon seit langer Zeit mit dem Essen. Ganze Urlaube und andere Erlebnisse habe ich oftmals schnell komplett vergessen, an ein liebevolles, wunderbares Essen jedoch erinnere ich mich oft noch viele Jahre später. Menschen, die mich kennen, wissen das und amüsieren sich immer köstlich darüber.

Speisen, die mir in Erinnerung bleiben, sind solche, die von Liebe, von Achtsamkeit, von Hingabe und von Kreativität erfüllt sind. Solche Speisen vermögen es in dem kurzen Augenblick, in dem sie vor einem stehen, jemanden zum Genießer werden zu lassen, seine Sinne vielfältig zu berühren und ihn auf allen Ebenen zu nähren – weit über die körperliche Ebene von Nährstoffen und Vitaminen hinaus.

Es sind Speisen, die zum Gebet, zur Sinfonie und einer Würdigung ihrer Zutaten geworden sind und ebenso eine tiefe Wertschätzung desjenigen ausdrücken, der sie betrachten und genießen darf.

Von dieser Art des Essens, der Zubereitung von Speisen, möchte ich in diesem Buch »erzählen« und jeden dazu einladen, ja, hoffentlich begeistern und inspirieren, es selbst zu probieren. Dazu sollen die zahlreichen Rezepte anregen, jeder sollte sich aber darüber hinauswagen und selbst erfinderisch und kreativ werden. Ich erzähle hier von der Zubereitung von Speisen, die zum kreativen Ausdruck und durch die Liebe und die Achtsamkeit zur Alchemie wird, die aus Essen Nahrung für Körper, Geist und Seele entstehen lässt.

Ich möchte Ihnen die pure Freude nahebringen, die das Zubereiten von Nahrung bereitet und die mit anderen geteilt werden will. Sie kann auch der Würdigung Ihres eigenen Selbst dienen, aber vor allem das Teilen macht so viel Freude. Es ist wie bei einem Künstler, dessen Freude es ist, sein vollendetes Werk anderen vorzustellen.

Für mich hat die Zubereitung von Nahrung vor allem mit Staunen, Entdecken und absoluter Wertschätzung der Zutaten und der Natur, die jene hervorbringt, zu tun.

Viele meiner Rezepte sind auch für Menschen geeignet, die es einfach und unkompliziert lieben. Oftmals ist es nur die Präsentation der Speise, die ein Mehr an Mühe und Hingabe erfordert. Mein Wunsch ist es allerdings, vor allem diejenigen zu erreichen, die einen Schritt weiter zu gehen bereit sind und etwas mehr von ihrer Zeit und Aufmerksamkeit darin investieren möchten, Essenszubereitung mit Liebe und Großzügigkeit zu betreiben. Ich möchte Sie einladen, das Zubereiten von Speisen nicht als Arbeit, sondern eher als Meditation, als Gebet, als Magie und einen Akt der Liebe zu erleben. Wie heißt es so schön: »Der Weg ist das Ziel.« Das lässt sich wunderbar übertragen: Die Zubereitung ist bereits die Freude am Essen, mit ihr fängt die Nahrung an.

»Liebe geht durch den Magen.«
Das hat sicher jeder schon einmal gehört. Zutaten in Liebe, mit Bewusstheit und Freude zu einem Ganzen zu verbinden, das es vermag, alle Sinne, innere wie äußere, zu erreichen, das ist die Reise, auf die ich Sie voller Begeisterung mitnehmen möchte.

Ich höre so manchen sagen: »Das kann ich doch eh nicht.« Vergessen Sie das ganz schnell! Ich selbst bin weder ein Küchenprofi, noch habe ich zahlreiche Kurse besucht. Ich spiele einfach, ich probiere aus. Es ist pure Lust und Liebe, die mich bis zu diesem Punkt inspiriert haben. Dadurch habe ich auch die Freiheit, mich nicht an Normen und Ernährungskonzepte halten zu müssen.

Meiner Erfahrung nach kommen das Wissen, die Erfahrung, die Neugier von allein und aus dem Schaffen heraus. Ich wurde mit der Zeit immer neugieriger und interessierter, mehr über die Zutaten, die ich verwendete, zu erfahren. Wenn schon lecker kochen, dann doch am liebsten auch gesund und wertvoll.

Je mehr Sie sich auf eine freudvolle und bewusste Art der Speisenzubereitung einlassen, desto mehr werden Sie erstaunt, ja, geradezu entzückt sein, wie viele Ideen Ihnen zufliegen und wie viel Wagemut Sie plötzlich entwickeln. Und wenn einmal etwas danebengeht, können Sie es lachend segnen, loslassen und den Kompostgeistern schenken. So mache ich es zumindest.

Wichtig ist einzig und allein, dass Sie sich trauen, gewohnte Pfade zu verlassen und aus der puren Freude am Tun heraus experimentieren. Halten Sie die Gewohnheit des »schnell, schnell« aus Ihrer Küche fern. Sie brauchen auch keine zu hohen Erwartungen an sich zu stellen. Seien Sie wie ein Kind, erlauben Sie sich einfach, zu spielen …

Was ich Ihnen in diesem Buch, neben einer Vielzahl von Rezepten, vor allem vermitteln möchte, ist der Fokus auf die Qualität. Qualität hat nicht zwangsläufig mit mehr Arbeit oder Aufwand zu tun. Es geht um eine innere Haltung. Um diese zu erreichen, bedarf es allerdings vor allem bedingungsloser Hingabe. Diese einzubringen, lohnt sich immer.

Jede Stunde, die Sie in dieser veränderten Grundhaltung in Ihrer Küche verbringen, wird Sie beflügeln, nähren, Ihr inneres Wachstum anregen und Sie bereichern. Das gilt selbstverständlich für alle Lebensbereiche. In diesem Buch soll es nun um Nahrung, die Zubereitung und das Feiern von herrlichen Speisen gehen.

Die Küche ist für mich ebenso wichtig wie ein schön gedeckter Tisch, denn sie ist der Ort, an dem ich Tag für Tag die Speisen zubereite. Meine Ausgangsbasis ist eine äußerst kleine Küche, dennoch ist sie ganz persönlich gestaltet und eingerichtet. Es sollte also jedem möglich sein, für sich einen ähnlich persönlichen Arbeitsplatz – nein, lassen Sie es uns lieber Spielplatz nennen – einzurichten.
Machen Sie Ihre Küche zu Ihrem ganz eigenen Spielplatz, Atelier oder Tempel!

Charakteristisch für meine Küche sind Unmengen von Gewürzen, exotischen Zutaten, Tees, Pülverchen … alles Mögliche gibt es dort zu entdecken. Ich habe mir angewöhnt, alles, was ich dauerhaft verwende, in schöne Gefäße umzufüllen, die ich mit viel Sorgfalt und Liebe etikettiere. Gern verziere ich sie mit Bildern, Bändern oder Ähnlichem, denn ich mag es, wenn die Dinge um mich herum schön sind und vor allem möglichst viel sichtbar ist.

Es gibt unzählige kleine Fleckchen und Plätzchen, an denen ich Dinge, die nicht zweckmäßig sind, sondern mir einfach Freude bereiten, aufgestellt oder aufgehängt habe. Manche Menschen sehen, wenn sie diese Küche betrachten, nur unendlich viel Arbeit, wenn sie sich vorstellen, sie sauber halten zu müssen. Andere sind völlig verzaubert.

Zum Beispiel sitzen Trolle zwischen Gewürzen und Zutaten im Regal. Zwischen Blütenhydrolaten ist meine kleine Musikanlage aufgestellt (ich höre leidenschaftlich gern Texte von Abraham oder Musik von Georg Deuter, beispielsweise während ich Gemüse schäle). In einem anderen Regal sitzt ein hübscher, handgeschnitzter Buddha, den wir aus Sri Lanka mitbrachten. Auf dem kleinen schmalen Glasregal am Küchenfenster steht, zwischen erlesenen Tees aus aller Welt, ein Foto von Ramana Maharshi (und davor ein weiterer, klitzekleiner Buddha). Ich liebe es, Ramana in meiner Küche zu betrachten. Auf der anderen Glasplatte sitzt zwischen Kardamom und Zimtstangen ein fröhlicher Ganesha auf einem herrlich kitschigen, bunten Sessel. Ganz in seiner Nähe liegt eine bunte Nandi, eine wunderhübsche heilige Kuh, die ich auf einer Reise in Glastonbury erstand. Und so könnte ich noch eine ganze Weile weitermachen: Elfen, frische Blüten in Saugnapfreagenzgläsern an der Fensterscheibe, Kräutersträußchen und vieles, vieles mehr …

Selbst wenn ich verreise und am Urlaubsort eine Küche zur Verfügung habe, nehme ich immer ein paar schöne Dinge aus meiner Küche mit und besorge vor Ort Blumen, um sie zu dekorieren. Zu Hause ist man immer da, wo das Herz zu Hause ist. Es bedarf oft nur wenig, um sich überall wohlzufühlen. Die Küche ist ein Ort, an dem ich viel Zeit meines kostbaren Lebens verbringe, also will ich, dass er genau so ist, wie er für mich sein sollte, damit ich pure Freude daran empfinde, mich dort aufzuhalten. Manche Dinge sind eigentlich unnötige Staubfänger, aber für mich sind sie wie Freunde: Dinge, die mich wie unsere heiß und innig geliebte Katze Mietzie täglich zum Lächeln bringen. Meine Küche ist eine Umgebung, die mein Wesen widerspiegelt und die es mir erlaubt, genau so zu sein, wie ich bin … und manchmal bin ich einfach ein großer verspielter Kindskopf.

Manchem wäre meine Küche vielleicht zu viel, zu voll. Aber für mich ist sie es nicht – sie ist mein Reich, mein Ort der Freude, der viele kleine magische Welten enthält. Ich liebe jede einzelne davon. Egal, was andere davon halten, das ist ein Ausdruck meiner Persönlichkeit!

Und genau darum geht es: Hören Sie auf Ihr Herz, und finden Sie heraus, was Sie wirklich wollen und wie Sie sich wohlfühlen. Finden Sie heraus, wie Ihre Umgebung aussehen würde, wenn Sie sich vollkommen frei davon machten, was andere denken, was gerade in den Lifestyle-Magazinen angesagt ist oder was man Ihnen beigebracht hat. Finden Sie das heraus, unbedingt! Vielleicht sind Sie der »Zen-Typ«, dann schmeißen Sie Omas Spitzenstores raus, und hängen Sie stattdessen Bambusrollos auf!

In diesem Punkt sollten Bequemlichkeit und auch reine Zweckmäßigkeit keine Gesichtspunkte sein. Selbstverständlich achte ich auch darauf, dass die Zutaten gut greifbar sind, aber es ist eine natürlich gewachsene Ordnung, die sich zugegebenermaßen auch nur mir selbst vollkommen erschließt. Mariam, mein geduldiger Mann, tut sein Bestes, um klarzukommen, wenn er einmal das Essen zubereiten will … und um dann zwangsläufig meine »Ordnung« durcheinanderzubringen.

Ich habe dem Punkt Küche bewusst sehr viel Aufmerksamkeit gegeben, denn ein Gefühl von Wohlbefinden an diesem Ort ist sehr wichtig, um die Art von Nahrung zuzubereiten, die ich hier vorstelle.

Also: Schaffen Sie sich ein Umfeld, das Sie froh macht und in dem Sie sich frei fühlen. Kreieren Sie Ihr ganz persönliches Reich! Wenn Sie mit einem Partner zusammenleben, ist es wichtig, dass Sie gemeinsam einen Stil finden, mit dem sich beide wohlfühlen und jeder von Ihnen so wenige Kompromisse wie nur möglich machen muss. Geben Sie nichts auf die Meinung anderer, Ihre Küche kann kitschig, cool, chaotisch oder was auch immer Ihnen entspricht sein.

Meine Küche passt sicher in die Schublade »emotional«. Witzigerweise lieben sie aber alle, die sie betreten, und wollen sie nicht so schnell wieder verlassen.

Küchengeräte

Es ist äußerst hilfreich – und erhöht sowohl den Spaßfaktor als auch die Erfolgserlebnisse bei der Zubereitung –, wenn man die richtigen Geräte und Werkzeuge in der Küche verfügbar hat. Dazu gehören viele verschiedene nützliche Handwerkzeuge wie Messer, Hobel usw., aber auch elektrische Geräte, die mitunter eine gewisse finanzielle Investition bedeuten.

Ich habe mir im Laufe der Jahre ein stattliches Repertoire an Geräten und jede Menge »Spielzeug« für meine Küche angeschafft und möchte nicht eines davon missen. Dennoch rate ich Ihnen, liebe(r) Leser(in), erst einmal zu improvisieren und herauszufinden, was wirklich für Sie stimmig ist, bevor Sie sich in Unkosten stürzen.
Ich stelle Ihnen nun vor, mit welchen Arbeitsmitteln ich in meiner Küche arbeite, doch werde ich Ihnen auch Tipps dafür geben, wie Sie zunächst, falls nötig, mit einfacheren Mitteln auskommen können.

Ich fange erst einmal mit den größeren Dingen an, den elektrischen Geräten. Es gibt vier Geräte, die für mich mittlerweile unentbehrlich geworden sind: Vitamix, Multizerkleinerer, Mini-Blender und Dörrgerät.

Vitamix – Hochleistungsstandmixer

Ich verwende den Hochleistungsstandmixer »Vitamix«. Dieser gestattet es mir, innerhalb allerkürzester Zeit (und somit sehr schonend für die Inhaltsstoffe) verschiedenste Zutaten zu pürieren und wunderbarste Smoothies her-

zustellen. Wer einen »normalen« Standmixer hat oder einen »Thermomix« besitzt, kann auch erst einmal mit diesen Geräten seine Erfahrungen sammeln. Dann sollte man jedoch darauf achten, dass man die Zutaten möglichst klein geschnitten vorbereitet, um dadurch die Mix- bzw. Pürierzeit zu verkürzen. Beim Vitamix kann man die Zutaten relativ grob und groß belassen, weil er sie dennoch blitzschnell zerkleinert.
Wer einmal Smoothies getrunken hat, die mit dem Vitamix hergestellt worden sind, wird Schwierigkeiten haben, diesbezüglich das Ergebnis anderer Küchengeräte zu akzeptieren. Der Vitamix erzeugt die beste, sprich die mundgerechteste, cremigste und faserfreiste Konsistenz und somit das genussvollste Gaumenerlebnis.

Tipp: Um bei leistungsschwächeren Geräten einer zu schnellen Erwärmung entgegenzuwirken, kann man einige Eiswürfel mitpürieren. Dadurch hält man die Temperatur beim Zerkleinern niedrig, allerdings muss man dann entsprechend weniger andere Flüssigkeiten verwenden.

Multizerkleinerer

Der Multizerkleinerer ist ein Gerät, in dem sich kleinere Mengen blitzschnell häckseln lassen. Ich verwende ihn z. B. für die Herstellung von Kuchenteigen, denn manchmal sollen die Zutaten noch eine gewisse Körnigkeit behalten. Beim Hochleistungsstandmixer laufen die Zutaten Gefahr, zu schnell zu fein und zu klebrig zu werden. Auch ist der Multizerkleinerer praktischer, wenn man den gemixten Inhalt aus dem Gerät schnell herausholen möchte, vor allem, wenn es kleinere Mengen sind. Guacamole bereite ich z. B. in der Regel im Multizerkleinerer zu. Oder ich verwende ihn, wenn ich schnell einmal Möhren und andere Zutaten für »Frikadellen« zerhäckseln möchte. Als Alternative zum Mulitzerkleinerer eignet sich der Thermomix, der schon in vielen Haushalten zu finden ist, sehr gut. Wer einen Thermomix besitzt, kann problemlos seine Zutaten sowohl relativ fein pürieren als auch gröber häckseln.

Wer nur einen sogenannten Zauberstab, also einen Pürierstab, oder einen Mini-Blender besitzt, kann etliche Gerichte erst einmal damit bewältigen. Man muss dann lediglich darauf achten, die Zutaten so klein wie möglich vorzuschneiden und anschließend in mehreren Durchgängen zu verarbeiten. Fürs erste Ausprobieren finde ich auch das ganz in Ordnung. Die Konsistenz ist dann einfach manchmal nicht so optimal.

Mini-Blender

Ich besitze den »Personal Blender«, eine kleine, handliche Bechermixmaschine. Diese ist vor allem auf Reisen sehr praktisch. In meinem Küchenalltag stelle ich damit schnell Dressings, Marinaden usw. her oder hacke »mal eben« ein paar Nüsse oder Kerne klein. Dieses Gerät lässt sich unter fließendem Wasser leicht und superschnell reinigen, und es ist die perfekte Ergänzung zu den gro-ßen Küchengeräten.

Entsafter

Ein Entsafter, der nicht bei hohen Umdrehungszahlen entsaftet, sondern schonend bei niedriger Umdrehungszahl presst, ist definitiv ein wertvolles und sinnvolles Gerät in der Küche. Es garantiert, dass kostbare Enzyme und Aminosäuren erhalten bleiben. Weizengras lässt sich mit solch einer Presse optimal schonend pressen (sofern man keine Handpresse verwendet), aber auch so exotische Zutaten wie Lemongras.

Tipp: Den Trester des Entsafters kann man übrigens hervorragend zur Herstellung von Rohkost-Crackern, Frikadellen oder auch Pâtés nutzen.

Dörrgerät

Das Dörrgerät gehört – ähnlich wie der Vitamix – zu den nahezu täglich von mir genutzten Geräten. Hat man erst einmal seine unzähligen Verwendungsmöglichkeiten entdeckt, so gehört sein leises Rauschen bald zur normalen Geräuschkulisse. Dörrgeräte gibt es zahlreiche auf dem Markt, auch recht preiswerte. Jedoch ist es von großer Wichtigkeit, dass man die Temperatur exakt regeln kann. Dies ist bei den preiswerteren Geräten in der Regel nicht möglich. Das Trockengut sollte bei maximal 43°C gedörrt werden, damit alle wertvollen Inhaltsstoffe erhalten bleiben.

Ich selbst verwende den »Sedona«, der perfekt auf die Bedürfnisse der Rohkostküche abgestimmt ist. Sein Vorgänger »Excalibur« hat mir lange Jahre tolle Dienste geleistet. Der Sedona hat zusätzlich noch die wunderbare Funktion, dass man die Trocknungszeit einstellen kann. Das ist bei vielen Gerichten äußerst hilfreich, um eine zu lange Trocknungszeit zu vermeiden. Außerdem trockne ich auch sehr gern über Nacht.

Mit meinem Dörrgerät stelle ich unzählige Sorten von Crackern, Keksen und Pizzaböden her. Aber auch lauwarme marinierte Pilze oder Frikadellen oder schlicht zur Dekoration getrocknete Obstscheiben sind nur einige Beispiele für die Möglichkeiten, die dieses Gerät bietet.

Ich werde häufig gefragt, ob man zum Trocknen nicht auch den Backofen verwenden kann. Theoretisch ja, doch soweit mir bekannt ist, lassen sich Backöfen in der Regel nicht eindeutig auf Temperaturen unter 43°C einstellen. Auch muss man sich klarmachen, dass der Backofen dann mitunter 16 Stunden oder mehr in Dauerbetrieb ist. Doch um einfach einmal seine allerersten Versuche zu machen, könnte vielleicht auch der Backofen eine Option sein.

Wer wirklich viel auf Rohkostbasis zubereiten will, der sollte sich unbedingt für die Anschaffung eines guten Dörrgerätes entscheiden. Es gibt einige recht gute Geräte auf dem Markt, die den Erfordernissen der Rohkostküche gerecht werden. Und wer eigenes Obst im Garten oder zumindest gute Bezugsquellen für Obst hat, der kann damit optimal verschiedenste Obstsorten schonend dörren. Fruchtleder ist nur eines von vielen wirklich tollen Dingen, die man im Trockner herstellen kann.

Wasser-Ionisator

Meine neueste Anschaffung ist ein Wasser-Ionisator. Dieses Gerät fügt sich gut in jede auch kleinere Küche ein. Seitdem wir einen Ionisator in unserer Küche haben, verwende ich für alle Gerichte nur noch basisches Wasser – und wir trinken natürlich täglich regelmäßig und reichlich davon. Frische Kräutersträuße stelle ich nur noch in dieses basische Wasser, weil ich fasziniert festgestellt habe, dass sie dann länger vital bleiben.

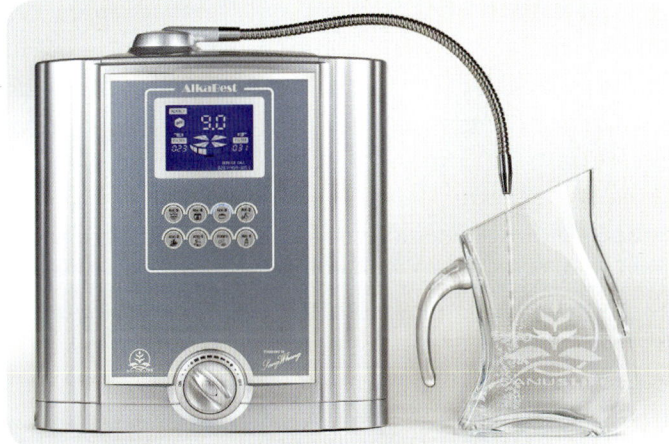

Solch ein Ionisator ist selbstverständlich für die Rohkostküche nicht zwingend notwendig, doch sicher mittel- oder langfristig etwas, über dessen Anschaffung man sich im Sinne einer ganzheitlichen Ernährung und Lebensweise durchaus Gedanken machen sollte.

Vakuumiergerät

Weil ich häufig sehr wenig Zeit habe und deshalb Dinge gern vorbereite, habe ich die großen Vorteile eines Vakuumiergerätes für mich entdeckt. (Ich persönlich benutze ein Gerät von »vacSy«.) Selbst Smoothies, wenn ich sie einmal für den Folgetag herstelle, fülle ich in entsprechende Vakuumgefäße und stelle sie dann in den Kühlschrank. Obst und Gemüse kann man mithilfe dieser Technik für einige Tage deutlich besser frisch halten.

Letzen Sommer habe ich zum ersten Mal rohes Apfelmus hergestellt, in Gläser gefüllt und vakuumiert – das hat bestens geklappt! Alle Gläser sind noch gut verschlossen. Auch meine selbst gemachten Pestos vakuumiere ich sofort nach dem Abfüllen in die Gläser.

Praktische Küchenhelfer, das Küchenwerkzeug

Nachdem ich Ihnen die elektrischen Geräte vorgestellt habe, komme ich nun zu den anderen, den »handwerkzeuglichen« nützlichen Helfern in meiner Küche. Derer gibt es zahlreiche (und in meinem Haushalt sicher weitaus mehr als in den meisten Haushalten). Ich will mich auf das beschränken, was ich für den normalen Alltag als sinnvoll und hilfreich erachte.

Schneidebretter und Messer

Gute Schneidebretter in verschiedenen Größen und eine Auswahl an guten Messern sind das A und O in einer gut ausgestatteten Küche.

Ich habe ein großes und ein mittelgroßes Bambusschneidebrett, und beide liebe ich sehr. Darüber hinaus habe ich etliche kleine normale Schneidebrettchen. Einige verwende ich ausschließlich für stark riechende Zutaten wie Zwiebeln, Lauch, Knoblauch. Die Bambusbretter benutze ich eher für Obst oder sanftes Gemüse. Gute und scharfe Messer erleichtern das Schneiden sehr, und die Arbeit mit ihnen macht Freude. Ich verwende überwiegend Keramikschneidemesser in verschiedenen Größen. Dann habe ich noch zwei kleine Sägemesser (auch Tomatenmesser genannt).

Zum Schälen von Obst und Gemüse verwende ich Sparschäler. Davon habe ich mehrere, unter anderem auch einen aus Keramik, der eine extrabreite Klinge hat. Dieser ist hervorragend zum Schälen von großen Früchten wie Mangos oder Papayas geeignet. Allgemein sind Sparschäler auch bestens dafür geeignet, um aus Gemüse Tagliatelle zu schneiden. Ein Julienne-Schälmesser macht meine Sammlung komplett. Damit kann ich schnell einmal feine Streifen für einen Salat oder für eine Garnitur schneiden (oder sogar eine Art Spaghetti, wenn ich den Spaghettini-Spiralschneider nicht verwenden möchte).

Spiralschneider für Spaghettini

Es gibt verschiedene Spiralschneider-Modelle auf dem Markt. Ich selbst bevorzuge den sogenannten »Spiral Slicer«, weil er wirklich hauchfeine, superlange Spaghettini aus Zucchini, Kürbis etc. zu schneiden vermag. Es bedarf zwar etwas Feingefühl und Geduld, weil dieser Schneider manchmal etwas »zickig« sein kann, doch ich möchte nicht auf ihn verzichten. Die anderen auf dem Markt erhältlichen Geräte sind auch sehr gut, doch erzeugen diese gröbere Spaghetti. Letztlich Geschmackssache, für welchen Schneider Sie sich entscheiden.

Rohe Gemüsespaghetti sind ein nicht wegzudenkendes Gericht in meiner Rohkostküche. Vor allem Kinder lieben sie und haben viel Spaß mit ihnen, weil man mit dem Spiral Slicer meterlange Spaghetti produzieren kann.

V-Hobel, Küchenhobel und -raspel

Ein guter Hobel, am besten einer mit verschiedenen Einsätzen, ist eigentlich ein Muss in der Küche. Ich hoble und rasple eigentlich nur noch von Hand. Nur wenn sich sehr viele Gäste angekündigt haben, dann benutze ich zum Hobeln und Raspeln eine Küchenmaschine.

Es ist gar nicht so leicht, einen guten Hobel zu finden, mit dem man auch wirklich hauchfein hobeln kann. Ich selbst habe mir einen recht teuren Profihobel angeschafft. Doch es gibt auch recht gute und günstige sogenannte V-Hobel auf dem Markt, die den gleichen Zweck erfüllen.

Auch ist es sinnvoll, eine gute und handliche Raspel und Reibe zu besitzen, um Orangen- oder Zitronenschale reiben zu können – oder auch Muskatnuss. Sie ist aber auch sehr nützlich, um schnell einmal ein paar Streifen Rettich oder etwas Ähnliches über ein Gericht zu raspeln.

Aufbewahrungsgefäße

Ich selbst liebe es zwar, Zutaten in schöne Gläser zu füllen und dann hübsche Etiketten daraufzukleben, doch seit einiger Zeit gehe ich mehr und mehr dazu über, sogenannte Frischebehälter mit Clipverschlüssen an allen vier Seiten zu verwenden. Diese sind wasser- und luftdicht.

Der Hauptgrund für die Verwendung dieser Behälter ist für mich allerdings, dass man sich leider immer wieder über die verschiedenen Zutaten Lebensmittelmotten ins Haus holen kann. Und meine Erfahrungen haben gezeigt, dass nur diejenigen Zutaten, die in diesen straff verschlossenen Frischeboxen aufbewahrt werden, vor den Motten sicher sind.

Abtropfsieb, Salatschleuder

Weil man in der Rohkost-Küche viel mit Salaten und anderem frischem Grün zu tun hat, ist es sehr sinnvoll, ein gutes Sieb und eine Salatschleuder zur Verfügung zu haben.

Käsetuch, Nussmilchbeutel

Zum Herstellen von Nusskäse und Nussmilch ist ein sogenanntes Käsetuch (im angloamerikanischen Raum »nutmilkbag« genannt) nötig.

Mittlerweile kann man derartige fusselfreie und feinporige Tücher problemlos über das Internet beziehen. Verwendung findet das Käsetuch beim Basisrezept für Mandelmilch (siehe Seite 239) und bei der Vorspeise »Macadamiakäse mit Pestofüllung« (siehe Seite 120).

Zitruspresse

Wenn man häufig Zitrusfrüche presst, lohnt sich sicher auch die Anschaffung einer elektrischen Presse. In den meisten Fällen komme ich recht gut mit der Handpresse klar.

Diverse nützliche kleine Helfer

Zu einer guten Küchenausstattung gehört eine gute, handliche Schere. Gerade aus Frucht- und Gemüseledern kann man attraktive Motive ausschneiden.

Kaum wegzudenken sind für mich Silikonschaber, die ich in verschiedenen Größen besitze. Sie sind meine besten Freunde, wenn es darum geht, kostbare Püree-Reste aus den Geräten zu kratzen. Der Teigspachtel hilft dabei, Reste von meinen Antihaftmatten zu entfernen.

Spritzbeutel oder eine feste Cremespritze sind praktische Helfer, um schöne Dekorationen mit Cremes zu zaubern oder Rohkost-Keksen eine schöne Form zu verleihen. Und natürlich sind Streichpaletten hervorragend dafür geeignet, Trockengut vorsichtig abzuheben und es anschließend zu wenden.

Verschiedenste Utensilien für die gelungene Dekoration

Ausstechformen, Garnierringe, Timbaleförmchen und natürlich schönes Geschirr sind bei mir ebenso wichtig wie gutes Arbeitsgerät. Es gibt heutzutage eine schier endlose Auswahl an schönem und auch recht preiswertem Geschirr. Sehr schön lassen sich die Rohköstlichkeiten in sogenanntem Tapas- oder Fingerfood-Geschirr präsentieren.

Ein kostbares sowie köstliches Gericht sollte stets in seiner vollen Schönheit perfekt in Szene gesetzt werden! Dazu spannende Tipps ab Seite 162.

Einkaufen mit Qualität

Ich werde nie müde zu betonen, wie wichtig es ist, bei der Qualität von Lebensmitteln keine Kompromisse einzugehen. Es ist letztlich immer eine Frage der Prioritäten, die man selbst setzt.
Im Englischen ist das Motto populär geworden »support your local dealer«, also die Aufforderung, die regionalen Geschäfte zu unterstützen, indem man bei ihnen einkauft. Stellen Sie sich einmal vor, es gäbe eines Tages keine Wochenmärkte mehr, keine Bioläden, keine individuell geführten Feinkostgeschäfte – nur noch die großen Supermärkte und Discounter. Gruselig, oder?

Ich kaufe ganz bewusst, so oft es mir möglich ist, im Bioladen und in Geschäften ein, von denen ich weiß, dass sie noch mit persönlichem Engagement und Begeisterung geführt werden. Es gibt bei uns beispielsweise neben dem gut sortierten Bioladen noch ein Kaufhaus mit einer sogenannten Markthalle, in der man immer sehr ausgefallene und hochwertige Lebensmittel findet. Dort bekomme ich auch meistens essbare Blüten, wenn ich einmal keine im eigenen Garten habe.

Ausgefallene Zutaten bestelle ich auch manchmal im Internet. Darauf greife ich aber nur zurück, wenn Produkte vor Ort nicht oder nicht in der von der mir gewünschten Qualität erhältlich sind. Es gibt für mich aber nichts Schöneres, als auf den Wochenmarkt zu gehen.

Grundsätzlich kaufe ich fast ausschließlich Bio-Produkte – was ich Ihnen auch wärmstens empfehlen möchte. Das bedeutet nicht unbedingt, dass die Lebensmittel als »Bio« ausgezeichnet sein müssen, ich kaufe auch gern bei bestimmten Ständen auf dem Wochenmarkt, bei denen ich weiß, dass sie reine, unverfälschte Naturprodukte anbieten. Nicht jeder, der nach Bio-Richtlinien anbaut, kann sich eine Bio-Zertifizierung leisten.

Meiner Erfahrung nach schmecken biologisch angebaute Lebensmittel in der Regel deutlich aromatischer und sind viel vitaler als herkömmlich angebaute Nahrungsmittel. Gerade bei der Rohkostküche sind diese feinen Nuancen von enormer Bedeutung. Je größer der Anteil von Rohkost an Ihrer alltäglichen Ernährung ist, desto empfindsamer werden Sie für Geschmäcke und Gerüche werden.

Zudem sind biologisch angebaute Produkte nachhaltiger, denn es wird bei ihrer Produktion mehr Rücksicht auf die Natur genommen. Der Anbau ist auf Biohöfen in der Regel ganzheitlich.

Bei meiner Art der Nahrungszubereitung spielen Wertschätzung und Lebendigkeit eine große Rolle. Wertschätzung fängt für mich schon beim Einkaufen an. Ich bin bereit, für das, was ich kaufe, einen fairen Preis zu bezahlen, damit all die fleißigen Hände, die dazu beigetragen haben, dass ich jetzt und hier ein hochwertiges Produkt erhalte, auch angemessen bezahlt werden. Die Preise, die man mittlerweile im Supermarkt für manche Produkte bezahlt, mögen zwar attraktiv sein, aber wenn man anfängt, darüber nachzudenken, wie diese möglich sind, so erkennt man, dass der Kauf weit entfernt ist von Wertschätzung und fairem Handel. Viele Menschen verlieren im Schnäppchenrausch angesichts der steigenden Zahl von Discountern und einem ständigen Noch-Billiger zunehmend das Gefühl für Werte.

Es gruselt mich wirklich, wenn ich in Supermärkten die Preise für Fleisch an den Theken sehe. Ein Tier, ein fühlendes Lebewesen, ist in unserer Konsumgesellschaft nichts wert.

Alles ist Energie und schwingt. Nahrungsmittel, die unter übelsten Bedingungen hochgezogen werden, voller Pestizide und Düngemittel stecken, sind nicht nur belastend für unseren Organismus, sie sind auch energetisch mehr oder weniger tot. Deswegen wähle ich Nahrung, die mit Respekt und Liebe hergestellt und verkauft wird. Seien auch Sie wählerisch und kritisch beim Einkauf. Und entscheiden Sie sich lieber für weniger, aber dafür nur für das Beste.

Neben den Themen Einkauf und hochwertige Lebensmittel möchte ich auf den folgenden Seiten noch einem Punkt besonders viel Aufmerksamkeit widmen: dem Wasser. Das ist ein Thema, das mich schon lange beschäftigt, denn Wasser ist die Basis allen Lebens. Meine neuesten Entdeckungen und Erkenntnisse möchte ich gern mit Ihnen teilen.

WASSER – ohne Wasser gibt es kein Leben

Auch wenn ich hier keine wissenschaftliche Abhandlung zum Thema Wasser schreiben möchte, halte ich es dennoch für unbedingt notwendig, diesem für uns essenziellen Element die ihm gebührende Aufmerksamkeit zu widmen! Die Zuführung von Trinkwasser steht bezüglich der Lebenserhaltung immerhin noch vor dem »Essen«. Doch wir trinken Wasser nicht nur, wir verwenden es auch im Rahmen der Nahrungszubereitung auf unterschiedlichste Weise.

Weil die Qualität des Wassers sehr unterschiedlich sein kann, ist es wichtig, ein gutes, reines Wasser mit einem hohen gesundheitlichen Wert zu verwenden. Ich erinnere mich an Zeiten in meiner Kindheit und Jugend, als man alles Mögliche getrunken hat, nur kein Wasser. Es gab unterschiedlichste Limonaden, meist gezuckert und mit Kohlensäure versetzt. Man trank also Tee, Kaffee, Cola, Fanta, Milchshakes, Fertigsäfte und vieles mehr, was im Grunde niemals ein Ersatz für das lebensnotwendige Wasser sein kann. Unser Körper braucht reines, gutes Wasser, um seine lebenswichtigen Funktionen aufrechterhalten zu können!

Wir Menschen bestehen immerhin zu mehr als zwei Dritteln aus Wasser, was deutlich zeigt, welch bedeutsame Rolle es in unserem Leben spielt. Die Oberfläche unseres wunderbaren Planeten Erde besteht ebenfalls zu einem beachtlichen Teil aus Wasser. Wasser bedeutet Leben, egal, aus welcher Perspektive wir die Zusammenhänge betrachten.

Wasser erfüllt eine Vielzahl wichtiger Aufgaben in unserem Körper, und deshalb muss immer reichlich davon in uns vorhanden sein. Was uns durch Ausscheiden, Ausatmen und Schwitzen an Wasser verloren geht, sollten wir unbedingt auch täglich wieder auffüllen! Empfohlen wird ein Minimum von 30 ml Wasser je Kilo Körpergewicht – pro Tag. Wichtig ist es, darauf zu achten, dass das Wasser rein und frei von Kohlensäure ist und optimalerweise einen basischen pH-Wert hat.

Wasser dient in unserem Organismus als Transportmittel, Lösungsmittel, Informationsträger, Botenstoff, Regulationsmedium und ist generell ein essenzielles Element des Lebens! Je kleiner die Strukturen des Wassers sind, wie z. B. bei frisch geschmolzenem Gletscherwasser, desto besser können die Körperzellen es nutzen und umso besser erfüllt es seine zahlreichen Funktionen.

In der Natur treffen wir Trinkwasser mit den unterschiedlichsten Eigenschaften an. Quellwasser gilt grundsätzlich als sehr reines und hochwertiges, natürliches Wasser. Diese Verallgemeinerung ist allerdings unzulässig, weil bezüglich der Wasserqualität auch sämtliche Faktoren der Umgebung und Umwelteinflüsse sowie die Zusammensetzung der Erd- und Gesteinsmineralien eine Rolle spielen. Somit ist jede Quelle einzigartig – und folglich ebenso jedes Wasser. Man weiß nicht, was es enthält, solange es nicht in einem Labor untersucht wurde.

In den letzten Jahrzehnten gab es daher viele Bemühungen, Wasser zu reinigen, zu »informieren« und zu energetisieren, um beispielsweise Leitungswasser in hochwertiges, gesundheitsförderndes Trinkwasser zu verwandeln. Eine Vielzahl von Apparaturen und Produkten steht inzwischen auf dem freien Markt für solche Zwecke zur Verfügung.
Wasser ist vielseitig, wandlungsfähig und macht so ziemlich alles mit. Es ist im Grunde eine Art elementares flüssiges Gedächtnis, das Informationen aufnimmt, trägt, weitergibt – und diese unter bestimmten Einflüssen erneut umwandeln kann.

Auf diese Weise beein-*flusst* Wasser das Leben in und um uns herum ständig! Es ist ein Transportmittel, das auf den inneren und äußeren Wegen, die ihm die Natur zur Verfügung stellt, für Informations- und Stoffaustausch sorgt, und es hilft der lebendigen Welt, die Balance immer wieder herzustellen, indem es von dort nimmt, wo etwas zu viel ist, und dorthin gibt, wo etwas fehlt. Wasser verfügt über eine enorme Reinigungskraft und spült Ansammlungen, wo auch immer sie ein Gleichgewicht stören, einfach weg, neutralisiert und verteilt sie.

Viele Menschen wissen nicht, was sie ihrem Körper antun, wenn sie ihm kein »optimales« Wasser zur Verfügung stellen. Der Körper »läuft« einfach nicht mit Limonade und Kaffee. Im Gegenteil: Er muss einen Riesenaufwand betreiben, das wenige darin enthaltene Wasser herauszufiltern, damit er es für seine Funktionen nutzen kann. Viele Menschen leiden an Wassermangel (und in der Folge unter Krankheitssymptomen), weil sie überwiegend Getränke zu sich nehmen, die nicht die Funktion von Wasser ersetzen können.

Eine Gourmet-Küche, die der Gesundheit dienen soll, benötigt auch Gourmet-Vitalkost-Wasser. Wenn ich mich schon für die hochwertigsten Nahrungsmittel in Bio- und Rohkostqualität entscheide und sie zudem noch kunstvoll zubereite, dann verwende ich natürlich auch nur das beste Wasser – in genau der »Erscheinungsform«, in der es gebraucht wird, um die besten Ergebnisse zu erzielen! Genau an diesem Teil meines momentanen Wasser-Wissens möchte ich sie nun teilhaben lassen. Ich erhebe keinen Anspruch auf 100 %ige wissenschaftliche Korrektheit – zumal sich die wissenschaftlichen Erkenntnisse von Jahr zu Jahr erweitern und verändern.

Lange Zeit habe ich Quellwasser oder Flaschenwasser verwendet. Seit einiger Zeit jedoch nutze ich mit Begeisterung einen Wasser-Ionisator, mit dem ich mir mein Wasser nach individuellem Bedarf aufbereiten kann. Er ist einfach zu bedienen und kann mein Leitungswasser in genau die Wasserqualität verwandeln, die ich gerade haben möchte. (Mit meinem Gerät kann ich z. B. gefiltertes Wasser herstellen, fünf verschiedene Stufen basischen Wassers und auch zwei Stufen sauren Wassers.)

Es gibt sehr viele verschiedene Ionisatoren auf dem Markt, und bestimmt hat jeder davon seine individuellen Vorzüge. Ich habe für mich ein Gerät gewählt, das Sang Whang, der Autor des sehr empfehlenswerten Buches *Der Weg zurück zur Jugend* persönlich mitentwickelt hat und in diesem Buch auch ausführlich beschreibt. Diesen Ionisator kann ich auf die Wasserqualität meiner Region einstellen und er verfügt auch über einen hervorragenden Filter, was mir ganz besonders wichtig ist. (Informationen zum Gerät samt Bezugsquelle finden Sie auf meiner Internet-Seite www.taste-of-love.de).

Ionisiertes Wasser

Schmeckt denn ionisiertes Wasser überhaupt? Ja, und es schmeckt besser und weicher als herkömmliches Trinkwasser. Auch fühlt man sich beim Trinken von ionisiertem Wasser, wenn man viel auf einmal davon trinkt, nicht so voll und aufgebläht wie bei herkömmlichem Wasser. Der Grund dafür ist, dass die Wasser-Cluster des ionisierten Wassers kleiner sind und das Wasser dadurch »zellgängiger« ist. Wegen seines hohen Redox-Potenzials kann das ionisierte Wasser auch als zuverlässiges Antioxidans eingesetzt werden.

Ich verwende mein ionisiertes, basisches Wasser gern zum Trinken, zur Herstellung von Smoothies, zum Mischen mit frisch gepressten Säften und in zahlreichen Gourmet-Kreationen.

Basisches Wasser

Es gibt zwar keinen Ersatz für eine naturgesunde Ernährung, die reich an basischen Mineralien und Antioxidantien ist, aber die Antioxidantien in der Nahrung sind nicht die einzige und nicht immer die beste Quelle für freie Elektronen, die die Oxidation des gesunden Gewebes durch freie Sauerstoffradikale verhindern können. Wasser, dessen Reduktionspotenzial durch Elektrolyse erhöht wurde, ist die sicherste Quelle für derartige freie Elektronen.

Basisches Wasser hat sehr kleine Cluster (durchschnittlich fünf oder sechs Moleküle statt fünfzehn) und kann deshalb vom Körper schnell aufgenommen werden. Es dringt bis in die kleinsten Kapillaren vor. Aufgrund seines basischen pH-Werts kann es direkt den pH-Wert der Lymphe anheben, also günstig beeinflussen. Dadurch wird die Flüssigkeitsmenge der Lymphe erhöht und die Versorgung der Zellen mit Nährstoffen und Sauerstoff sowie die Entsorgung der sauren Schlacken verbessert.

Das Reduktionspotenzial basischen Wassers kann wesentlich höher sein als das Potenzial anderer Antioxidantien in der Nahrung. Das Molekülgewicht des basischen Wasser ist niedrig, sodass es sehr »reaktionsschnell« ist und alle Zellen des Körpers in sehr kurzer Zeit erreichen kann. Basisches Wasser hat eine höhere Lösekraft, weshalb ein weitaus effizienterer Abtransport von Schlacken im Körper möglich ist. Auch zum Waschen von Früchten und Gemüse ist es hervorragend geeignet – ich bin immer wieder überrascht, wie viel sauberer und schmackhafter die Nahrungsmittel anschließend sind.

Saures Wasser

Die sauerste Wassereinstellung ist dafür geeignet, Bakterien abzutöten. Viele Menschen setzen saures Wasser zur Hautpflege ein oder um bestehende Hautprobleme zu behandeln.

Energetische Aspekte unserer Ernährung

Achtsamkeit, Liebe und Wertschätzung, drei unverzichtbare Zutaten

»Liebe geht durch den Magen.« Diesen Satz erwähnte ich bereits am Anfang dieses Buches. Und es ist auch tatsächlich so.

Haben Sie sich nicht schon einmal gewundert, dass ein Essen, obwohl es völlig »korrekt« zubereitet war und auch gut schmeckte, Ihnen so ganz und gar nicht bekömmlich erschien? Oder dass ein Gericht, das von den Zutaten her eher auf »minderwertiger« Stufe stand, dennoch äußerst bekömmlich und befriedigend war? Das kann schlicht daran gelegen haben, dass die zubereitende Person im einen Fall schlecht gelaunt, vielleicht völlig verärgert und lustlos, und im anderen Fall voller Liebe und Hingabe war und all ihre Liebe in das Essen strömen ließ.

Was ich damit zum Ausdruck bringen möchte: Die Haltung, mit der wir unser Essen zubereiten und die Zutaten wahrnehmen, ist von Bedeutung. Der Umgang mit den Nahrungsmitteln bereitet nicht nur mehr Freude und Spaß, wenn man gut gelaunt, dankbar und von Liebe erfüllt ist – durch die Art und Weise ergibt sich auch ein energetischer Unterschied. In meinem Buch über die Grünen Smoothies habe ich bereits einiges zu diesem Thema geschrieben.

Vielleicht haben Sie schon von den spannenden und atemberaubenden Wasser-Forschungen von Masaru Emoto gehört. Seine wunderschönen Wasserkristallfotografien verschiedener Wasser zeigen auf eindruckvolle Weise, wenn ein Wasser sauber und rein ist und ob darin beispielsweise gar Liebe oder Harmonie »eingeprägt« ist. Im Gegenzug sieht man aber auf Emotos Fotografien auch sehr deutlich, wenn ein Wasser stark verunreinigt ist oder gar Hass oder Angst darin »geschrieben« steht. Diese Wasserkristallfotografien spiegeln also die Energie des jeweiligen Wassers ganz deutlich wider, und das ist unglaublich faszinierend und zugleich auch schockierend, wenn man die Tragweite dieser Entdeckung an sich heranlässt.

Wie oft sagt man spontan über sich selbst, vielleicht weil man etwas vergessen hat, »ich bin doch blöd« oder Ähnliches. Wir treffen im Alltag negative Aussagen über uns selbst, einfach so nebenbei. Doch wie oft sagen wir zu uns selbst »ich liebe mich« oder »ich respektiere mich«?

Seit ich mich mit Energetik bewusst beschäftige, bin ich viel achtsamer und vorsichtiger geworden. Ich lasse keinen Tag mehr zu Ende gehen, ohne mich zuvor für die vielen (auch ganz kleinen) Dinge, die ich im Verlauf des Tages erlebt habe, zu bedanken. Es geht mir mittlerweile so, dass ich ohne dieses Ritual schon nicht mehr einschlafen will. Meine innere Stimme und Intuition erinnern mich stets daran. Mit Dankbarkeit im Herzen einzuschlafen, das ist mein Gebet.

Wie schon zuvor erwähnt, besteht unser Körper zu einem Großteil aus Wasser. Bei Mariam und mir daheim haben wir unser basisches Wasser in einer großen anmutigen Wasserkaraffe in der Küche bereitstehen. Wir füllen täglich mehrere Liter frisch gefiltertes basisches Wasser in diese Karaffe. Es ist fast wie ein heiliges Ritual. Unter dieser Karaffe liegt ein Blatt Papier auf dem Wörter wie »Liebe«, »Dankbarkeit«, »Gesundheit« usw. stehen.
Es ist jedes Mal ein gutes Gefühl, wenn ich mir Wasser aus dieser Karaffe abfülle. Und ich stelle immer wieder schmunzelnd fest, dass ich eigentlich nur noch dieses Wasser verwende. Ist die Karaffe leer, so fülle ich sie stets zuerst wieder auf, um dann anschließend das Wasser daraus zu benutzen.

Nüsse für die Rohkostgerichte beispielsweise werden bei mir prinzipiell nur in diesem Wasser eingeweicht. Das Einweichwasser der Nüsse verwende ich anschließend zum Gießen der Pflanzen. Es fühlt sich so gut an, diesen Kreislauf der Achtsamkeit, Wertschätzung und Freude zu pflegen.

Manchmal schmunzeln Menschen sicher, wenn sie mich jauchzen hören, weil ich mich über die vollkommene Schönheit einer Zucchini freue, die ich gerade aus meinem Einkaufskorb hole. Die Natur, und vor allem auch unsere Nahrung, ist so unendlich schön und vielfältig – und immer wieder neu! Jedes Gemüse ist einzigartig. Ich könnte mich stundenlang nur über die Schönheit von Obst und Gemüse auslassen – aber das erspare ich Ihnen lieber. Doch ich möchte Sie mit diesem meinem Rezeptbuch dazu verführen, die Zutaten und die Nahrung, die Sie zu sich nehmen, mit frischem Blick zu betrachten. Das Mysterium des Lebens spiegelt sich in ihnen wie in jedem Sein auf diesem Planeten.

Es ist eine uralte Praxis in nahezu allen Kulturen und Religionen, das Essen zu segnen. Ich finde es wunderbar, mich für das Essen zu bedanken und es zu segnen. Es macht jedes Mahl zu etwas Besonderem.

Zutaten meiner Vitalkost-Küche
Die beliebtesten und am häufigsten verwendeten

Neben frischen Salaten, Gemüse, Obst, Kräutern und Sprossen verwende ich in meiner Vitalkost-Küche auch häufig Nüsse, Saaten und sogenannte Powerfoods. Das sind Lebensmittel wie Goji-Beeren, Chia-Samen, Maca-Wurzel, roher Kakao, Algen und Vergleichbares.

Ich werde auf meiner Website www.taste-of-love.de ausführliche Informationen zu einzelnen Zutaten bereitstellen. Es wird sich also lohnen, dort immer wieder einmal »vorbeizuschauen«. Auch plane ich perspektivisch ein Buch, in dem ich ausführlicher auf meine ganzen Zutaten und auf viele spannende und eher unbekannte Lebensmittel eingehen möchte. Diese Informationen würden den Rahmen des Buches, das Sie in Händen halten, sprengen, deshalb beschränke ich mich darauf, Ihnen die wesentlichen Zutaten meiner Küche und einige meiner neuesten Erkenntnisse, etwa zum Thema »Süßen«, vorzustellen. Es gibt Obst- und Gemüsesorten, die ich sehr bevorzugt verwende, darunter oftmals auch exotische Zutaten. Lassen Sie sich davon nicht abschrecken. Man kann viele Zutaten auch ganz gut durch Alternativen ersetzen.

Viele der nachfolgend genannten Zutaten gehören zu denen, die ich immer vorrätig habe. Es ist wichtig, dass man stets einige Zutaten verfügbar hat, um auch ganz spontan oder wenn die Zeit knapp ist, schnell und einfach etwas zubereiten zu können. Nichts ist frustrierender als eine wesentliche Zutat, die fehlt!
Ich bin vermutlich ungewöhnlich neugierig und experimentierfreudig. Wenn mich etwas wirklich interessiert, dann kann ich einfach nicht davon lassen. Auch wenn ich dafür etwas z. B. aus den USA bestellen und mich in der Folge durch die Zollformalitäten quälen muss. Keine Sorge: Um die folgenden Gerichte zubereiten zu können, müssen Sie nicht den Zoll bemühen. Ich habe mich sehr bemüht, die Zutatenliste im Rahmen des Machbaren zu halten. Ich glaube, das Exotischste im gesamten Buch ist das frische Palmherz, das Sie allerdings problemlos online über einen Tropenfrucht-Anbieter erhalten können.

Sie sind von Herzen eingeladen, mir per E-Mail oder über meine Website Fragen zu stellen, wenn Ihnen etwas unklar ist oder Sie für etwas eine Bezugsquelle suchen. In Kürze wird es auf meiner Website ein ausführliches Verzeichnis geben, über das Sie ganz einfach Bezugsquellen zu einzelnen Zutaten finden können – auch für eher selten zu findende Zutaten wie beispielsweise Trüffelöl in Bio-Qualität. Ebenso werde ich mich über jeden Tipp Ihrerseits freuen! Wie ich bereits erwähnte, bin ich schrecklich neugierig und liebe Neues. Und gern werde ich gute Tipps dann auch auf meiner Website weitergeben.

In diesem Buch werde ich bewusst keine spezifischen Bezugsquellen nennen, weil sich meiner Erfahrung zufolge heutzutage diese Informationen so schnell ändern, dass es mir nicht so sinnvoll erscheint, sie in einem Buch zu verewigen. Auf meiner Website www.taste-of-love.de kann und werde ich die Informationen stets aktuell halten und auch, falls es einmal nötig sein sollte, korrigieren.

Und genau bei diesem Stichwort, »korrigieren«, möchte ich zum Thema »Süßen in der Vitalküche« überleiten.

Süßen in der Vitalkost-Küche

Diesem Thema werde ich, wie zuvor dem Thema »Wasser«, vergleichsweise viel Raum geben, weil es viele bewegt. So manch einer von uns hat halt einen »süßen Zahn«, wie man so schön sagt. Ich selbst bin zum Glück nicht so verrückt nach »süß«. Ich mag lieber Pikantes.

Über lange Jahre hinweg habe ich selbst fast ausschließlich Agavendicksaft in meiner Küche verwendet – für so ziemlich alles. Zucker gibt es bei meinem Mann und mir schon ewig nicht mehr. Ich war felsenfest

davon überzeugt, dass Agavendicksaft das Beste wäre, zumal es einen sehr niedrigen glykämischen Index aufweist. Es wurde und wird sogar weiterhin für Diabetiker empfohlen. Als ich dann vor einigen Jahren auch noch Agavendicksaft in Rohqualität entdeckte, schien alles perfekt zu sein. Vor knapp zwei Jahren erreichten mich jedoch Publikationen aus den USA und aus England, die meine Liebe für Agavendicksaft jäh erlöschen ließen. Sehr nachvollziehbar wird in beiden Artikeln erörtert, warum Agave genau das Gegenteil dessen ist, wofür ich es gehalten hatte. Seitdem ist Agavendicksaft für mich tabu. (Näheres zu diesem Thema auf meiner Website, weil es hier den Rahmen sprengen würde.)

Also machte ich mich auf die Suche nach einer echten Alternative. Das Tolle an Agavendicksaft war seine helle Farbe und sein dezenter, leicht karamelliger Geschmack. Es war also eine erstaunlich geschmacks- und farbneutrale Süße in meiner Küche. Es stellte sich als nicht so leicht heraus, echte Alternativen zu finden. Doch mit dem, was ich als Alternative für mich entdeckt habe, bin ich mittlerweile echt glücklich, und ich weiß vor allem, dass es guttut.

Zum Süßen sei eines generell gesagt: Wir nehmen immer Kalorien auf, wenn wir Süßes essen. »Gesund« heißt nicht gleichzeitig »kalorienarm«. Gesund definiert sich für mich beim Essen von Süßem eher über die Reinheit des Süßungsmittels und darüber, dass dessen Energie langsam vom Körper aufgenommen wird, also der Blutzuckerspiegel nicht rasend schnell ansteigt. Die Bauchspeicheldrüse sollte nicht unnötig belastet werden.

In den Rezepten dieses Buches werden Sie vorwiegend vier Arten von »Zucker« vorfinden. Und am Ende des Buches (siehe »Grundrezepte«) werden Sie die Art und Weise erfahren, wie man diese aufbereitet, damit man sie schnell und leicht in Form von Pasten nutzen kann.

Vorrätig habe ich immer: Datteln, Rosinen, Manukahonig, Yaconsirup und Palmblütenzucker.

Am häufigsten kommen bei mir Datteln und heilaktiver Manukahonig aus Neuseeland zum Einsatz. Dabei nehmen Datteln in Form einer Dattel-Paste den höchsten Rang ein. Manukahonig in guter Qualität (auf die man unbedingt achten sollte) ist auch eine Kostenfrage. Er zählt für mich zu den Nahrungsergänzungsmitteln, und ich setze ihn sehr gezielt ein. Er ist etwas wirklich Besonderes. Er zeichnet sich aufgrund des in ihm enthaltenen Methylglyoxals (MGO) durch eine hohe antibakterielle Wirkung aus. Allein über Manukahonig könnte ich Seiten schreiben. Auch zu ihm mehr auf meiner Website.

Für Veganer sind selbstverständlich auch die anderen drei genannten Süßungsmittel eine gute Option. Zum Palmblütenzucker sei gesagt, dass er kein Rohkostprodukt ist. Dennoch ist seine Qualität, sprich die Inhaltsstoffe und sein extrem niedriger glykämischer Index, so hervorragend, dass ich ihn auch innerhalb der »rohen Küche« absolut vertreten kann.

An dieser Stelle möchte ich die Gelegenheit nutzen, darauf hinzuweisen, dass ich definitiv keine reine oder gar dogmatische Rohköstlerin bin. Für meine Küche ist der Begriff »bioenergetische Vitalkost« wohl am treffendsten. Rohkost nimmt selbstverständlich einen herausragenden Platz darin ein. Letztendlich finde ich es ungemein spannend, zu erforschen, was in welcher Kombination und Form uns Menschen am besten wohltut – frei von einengenden Konzepten. Im weiteren Verlauf werde ich ihnen eher stichwortartig Zutaten auflisten, die für mich zur Rohkost-Vitalstoffküche gehören und eine kleine Liste der Zutaten, die für mich zu denjenigen Vorräten zählen, die man möglichst immer im Hause haben sollte.

Kräuter in meiner Vitalküche

Frische Kräuter sind nicht wegzudenken aus einer vitalstoffreichen Küche. Sie stecken voller wertvoller Inhaltsstoffe, sind auf vielfältigste Weise aromareich und immer eine perfekte Dekoration auf einem Gericht.

So lange wie möglich habe ich diese Kräuter in Töpfen verfügbar. Oder ich lagere sie in luftdicht verschlossenen Boxen im Kühlschrank oder als »Sträuße« direkt auf der Fensterbank.

Vorrätig habe ich immer: Petersilie, Basilikum, Schnittlauch, Koriander, Melisse, Thymian, Rosmarin, Minze, Fruchtsalbei.

In der warmen Jahreszeit: verschiedenste Sorten Basilikum und Minze, zusätzlich noch Majoran, Oregano, Dill, Brunnenkresse, Schnittknoblauch, Kapuzinerkresse, Liebstöckel, Bronzefenchel, Bunter Ampfer, Bärlauch, Giersch, Löwenzahn, Brennnessel und viele andere.

Gemüse- und Obstsorten

Die Möglichkeiten, insbesondere heimische und saisonale Gemüse in der Vitalküche einzusetzen, sind natürlich schier unbegrenzt. Ich habe im Laufe der Jahre gelernt, dass man Gemüse wie beispielsweise Grünkohl oder auch Süßkartoffeln hervorragend roh essen kann. Selbst Auberginen verwende ich nun im rohen Zustand. Das war für mich vorher nicht vorstellbar.

Aus Gemüse wie Zucchini und Kürbis lassen sich herrlichste Spaghetti schneiden, und aus Süßkartoffeln lassen sich Chips zubereiten. Am werthaltigsten sind natürlich die Obst- und Gemüsesorten, die gerade Saison haben und vollkommen ausgereift geerntet werden. Habe ich einmal einen Überschuss an einem Gemüse im Hause, so bereite ich einen kleinen Vorrat an rohen Crackern oder marinierten getrockneten Gemüseknusperchips zu. Und für Obst, wie Sie bestimmt wissen, war das Trocknen schon immer die gängigste Methode, größere Mengen haltbar zu machen. Ich wusste jedoch früher nicht, dass die Temperatur dabei eine wichtige Rolle spielt. Meistens wird Obst bei Temperaturen von über 60°C getrocknet. So geht das Trocknen relativ schnell, aber es werden dabei bereits viele sensible kostbare Inhaltsstoffe zerstört.

Gemüse, das ich immer vorrätig habe: Zucchini, Tomaten, Möhren, Zwiebeln, Knoblauch, Gurken, Avocados, unterschiedliche Sorten frischer Salate, Shiitake-Pilze, Paprika, Pastinaken, Frühlingszwiebeln.

Generell verwende ich darüber hinaus: Rote oder Bunte Bete, Mangold, Süßkartoffeln, Champignons, Seitlinge (eine Pilzart), Bleichsellerie, Brokkoli, Kürbis, Kohlrabi, Kohlsorten jeglicher Art, Radieschen, Fenchel, Sellerie, Zuckerschoten, Mais und Spargel.

Obst, das ich immer vorrätig habe:
Äpfel, Bananen, Zitronen oder Limetten, Kiwis, Blaubeeren, Ananas, Orangen und Granatäpfel.

Generell verwende ich darüber hinaus: Trauben, jegliche Art von Beerenobst, Birnen, Aprikosen, Pfirsiche, Pflaumen, Kirschen, Sharonfrüchte (eine Verwandte der Kaki), Feigen, Melonen, Quitten, Grapefruit und Mandarinen.

Exoten

Ich liebe exotische, außergewöhnliche Zutaten. Sie gehören für mich zu den »Lieblingsspielzeugen« in der Küche.

Regelmäßig verwende ich: Mangos, Papayas, Pitahayas, Kokosnüsse (vor allem junge Thai-Kokosnüsse), wilde Bananen, Passionsfrüchte, rohen Kakao, Karambolen (Sternfrüchte), Guaven und Pomelos.

Gewürze, Kakao & Carob

Gute Gewürze, so frisch wie nur möglich, sind das A und O der guten und vielseitigen Küche. Ohne sie ist für mich kreative Küche undenkbar.

Vanille ist für mich zu einer der am häufigsten benutzten Zutaten geworden. Sie ist wirklich eine königliche Gewürzpflanze. Ich habe mich so sehr in sie verliebt, dass ich mir sogar zwei Vanillepflanzen angeschafft habe. Die Vanille gehört zur Familie der Orchideen.

Beim Salz empfehle ich, auf höchste Qualität zu achten. Ich verwende fast ausschließlich Meersalz, sehr gern das erlesene »Fleur de Sel«.

Vorrätig habe ich immer: Chili, Pfeffer, Meersalz, Vanille (Schoten, aber auch Pulver), Kardamom, Paprika, Curry, Zimt, Kurkuma, Ingwer, Chili, Kreuzkümmel, Cayennepfeffer, Muskat, Safran, Lemongras, Chilifäden, Korianderkörner und Tamarinde (auch »Indische Dattel« genannt).

Generell verwende ich auch gern: Sternanis, verschiedenste fertige Bio-Würzkompositionen (eine Liste meiner »Favoriten« finden Sie auf meiner Website), Kümmel, Bunter Pfeffer und Galgant.

In puncto Kakao streiten sich die Geister. Manche halten ihn für ein Suchtmittel und lehnen ihn ab. Ich liebe und schätze ihn. Roher Kakao ist für mich ein echtes Highlight in der Avocado-Mousse. Carob ist allerdings auch eine wirklich gute Alternative dazu. Für mich stellt Carob eine perfekte Ergänzung zum rohen Kakao dar. Deshalb habe ich immer beides vorrätig.

Sprossen

Frische Sprossen sind meiner Meinung nach ein Muss in der vitalstoffreichen Küche. Sie sind nicht nur wertvolle Lebensmittel, die reich an Vitaminen, Mineralstoffen und Spurenelementen sind, sondern sie sind auch äußerst schmackhaft und vielseitig einsetzbar. Sie sind auch wunderbar als Dekoration auf einer Speise geeignet.
Sprossen gibt es mittlerweile in großer Auswahl zu kaufen, meistens sogar in Bio-Qualität. Am besten und preiswertesten ist es selbstverständlich, sie zu Hause selbst zu ziehen. Zu diesem Zweck gibt es einfache Sprossengläser bis hin zu Keimgeräten. Doch selbst in einer simplen Schüssel keimen diese kleinen »Powerpakete«. Wichtig ist es, kompromisslos auf Hygiene zu achten. Es gibt zahlreiche gute Literatur dazu im Handel, in welcher das Ziehen von Sprossen hervorragend erklärt wird.

Zu meinen Favoriten gehören: Alfalfasprossen, Babymungbohnensprossen, Zwiebelsprossen, Rote-Bete-Sprossen, Erbsgrün, Sango Sprouts, Brokkolisprossen, Kohlrabisprossen und Linsensprossen.

Nüsse, Saaten, Kerne

Nüsse, Saaten und Kerne sind wesentliche Basiszutaten der rohköstlichen Küche. Ohne sie wäre das Spektrum der Möglichkeiten sehr eingeschränkt. Sie enthalten unzählige wertvolle Inhaltsstoffe sowie reichlich Energie. Ebenso wie bei Süßem muss man auch beim Verzehr von Nüssen, Saaten und Kernen auf das angemessene Maß achten. Vor allem mit Nüssen nimmt man schneller, als einem bewusst und lieb ist, reichlich Fett zu sich.

Meine häufigsten Zutaten sind Mandeln, Cashewkerne, Walnüsse, Buchweizen und Leinsamen. Aber ich experimentiere auch viel mit anderen Nüssen, Kernen und Saaten. Viele Nüsse gibt es auch in Form von Mus oder Püree. Beides ist sehr praktisch für die schnelle Küche. Mandelmus ist aus meiner Zutatenauswahl ebenfalls nicht mehr wegzudenken. Buchweizen habe ich lieben und schätzen gelernt. Mit ihm zaubere ich knusprig schmeckende Kekse und so vieles mehr. Und Cashewkerne sind neben Mandeln vielseitig einsetzbar. Sesam z. B. ist ebenso wie Hanf sehr reich an wertvollen Proteinen.

Ich kaufe immer vorgekeimte und wieder getrocknete Saaten und Kerne. Und wann immer ich Zeit habe, stelle ich mir selbst einen Vorrat vorgekeimter Saaten und Nüsse her. Diese verwende ich entweder direkt frisch oder trockne sie zur längeren Aufbewahrung.

Vorrätig habe ich immer: Cashewkerne, Mandeln, Hanfsamen, Paranüsse, Pekannüsse, Zedernkerne, Pinienkerne, Sonnenblumenkerne, Kürbiskerne, Sesam (hell und schwarz).

Bindemittel, Quellstoffe, Ballaststoffe

Es gibt hervorragende Binde- und Quellstoffe, die sich zum Eindicken bzw. Festigen von Speisen bestens eignen – völlig ohne Erhitzung. Lediglich die Kakaobutter muss leicht erwärmt werden, damit sie flüssig wird und sich gut mit den Zutaten vermengt. Doch Temperaturen um 43°C reichen dafür aus. Neben dem Effekt, dass diese Binde- und Quellstoffe eine praktische Küchenzutat darstellen, sind sie gut für unseren Darm. Denn die in ihnen enthaltenen Stoffe unterstützen die Verdauung. Vermutlich kennen viele von Ihnen Flohsamen und Leinsaat bisher nur als Verdauungshilfe für den trägen Darm. Lernen Sie diese Zutaten völlig neu kennen! Kakao- und Kokosbutter finden bei mir Anwendung in der Dessert- und Tortenküche.

Vorrätig habe ich immer: Chia-Samen, Flohsamen, Leinsaat, Kakaobutter, Kokosbutter.

Gerne verwende ich auch Weißes Irish Moss, das bei uns nur schwer zu bekommen ist: Es handelt sich dabei um eine sehr gelierfähige Algenart. Sie ist dem Agar-Agar ähnlich, nur noch geschmacksneutraler. Sobald ich eine gute und zuverlässige Bezugsquelle für rückstandsgeprüfte Qualität gefunden habe, werde ich diese auf meiner Website veröffentlichen. Bislang beziehe ich Weißes Irish Moss direkt aus den USA.

Essig & Öl, Ölfrüchte, Oliven, getrocknete Tomaten

Bei Ölen achte ich darauf, dass sie aus wirklich nachvollziehbar reinen Quellen stammen, möglichst bio-zertifiziert sind. Auch ist es mir sehr wichtig, dass sie kalt gepresst sind und somit keiner starken Erhitzung bei der Herstellung ausgesetzt wurden. Gern verwende ich Aromaöle.

Beim Essig verwende ich am allerhäufigsten naturtrüben Apfelessig. Dieser ist sehr anpassungsfähig und wirkt basisch auf unseren Organismus. Andere Essige verwende ich eher gezielt, um bestimmte Aromen in ein Dressing einzubringen.

Sonnengetrocknete Tomaten sind nicht wegzudenken aus meiner Küche. Ich verwende

sie sehr häufig. Sie sind intensiv im Aroma und eignen sich hervorragend für geschmackvolle Cracker oder pikant-fruchtige Dips. Man kann sie auch einfach in einen Salat schneiden. Wenn ich gute Tomaten auf dem Markt finde oder eine gute eigene Ernte habe, so trockne ich auch gern selbst welche. Getrocknete Scheiben von Kirschtomaten sind schmackhaft und eine sehr schöne Dekoration auf einem Dip.

Vorrätig habe ich immer: Olivenöl, Sonnenblumenöl, Kürbiskernöl, Rapsöl, Trüffelöl, Mandelöl, Sesamöl, Walnussöl, Chiliöl, Distelöl, Citrolivenöl (aus Oliven und Zitronen), Leinöl sowie Apfelessig und verschiedene Fruchtessige wie Himbeeressig, Holunderblütenessig, Pflaumenessig und Aceto Balsamico.
Ebenfalls immer vorrätig habe ich: Getrocknete Tomaten und verschiedene Olivensorten.

Powerfoods

Die sogenannten Powerfoods, die reich an wertvollen Inhaltsstoffen und an Energie sind, erwähne ich eigentlich nur der Vollständigkeit halber. Es ist ein so ergiebiges Thema, dass ich damit vermutlich ein eigenes Buch füllen könnte. Ich verwende sie vielseitig: Ich streue sie über Salate, mixe sie vor allem in Smoothies oder verarbeite sie in Kuchen und Crackern. Es gibt zahlreiche dieser Powerfoods.

Hier meine Favoriten, die ich auch meistens vorrätig habe: Goji, Maca, Chia, Cranberry, Aronia, Acai, Lucuma, Mesquite, Maulbeeren und Berberitzenbeeren.

Algen

Zum Schluss möchte ich noch eine wichtige Zutat erwähnen: Noriblätter.
Es handelt sich dabei um eine getrocknete Alge, die man für die Zubereitung von Sushi verwendet.

Suppen

Alles, was Sie neben den üblichen Küchenwerkzeugen (Messer, Brett, Sieb usw.) für die Zubereitung der folgenden Suppen benötigen, ist eine gute Küchenmaschine. Ich empfehle einen leistungsstarken Standmixer (wie z. B. Vitamix oder Thermomix).

Wer keinen solchen Standmixer zur Verfügung hat, aber eine Suppe, wie z. B. die Spargelsuppe, ganz seidig glatt zubereiten möchte, kann diese durch ein Passiersieb (auch als »Flotte Lotte« bekannt) streichen.

Einen leistungsstarken Standmixer zu verwenden, ist in vielerlei Hinsicht optimal: Sie sparen viel Zeit und Aufwand bei der Zubereitung. Zudem gibt es keinerlei Abfälle.

Die Herstellung der Suppen geht bis auf wenige Ausnahmen sehr schnell, und alle sind sehr leicht zuzubereiten.

Wenn es also einmal etwas Gutes sein soll, das sehr schnell gehen soll, so ist eine rohköstliche Suppe immer die perfekte Wahl. Außerdem lässt sie sich sehr gut vorbereiten und im Kühlschrank bereitstellen.

Diese Suppen sind auch zum Mitnehmen perfekt geeignet!

Spinatcremesuppen-Trilogie

Zutaten für 4–6 Personen

Variation 1: Sanfte Spinatcremesuppe

ca. 250 g frischer zarter Spinat
1 große oder 2 kleine reife Avocado
2 geh. EL gekeimte Chia-Samen
ca. 1 l Wasser
1 EL Meersalz (bzw. nach Geschmack)
eine großzügige Portion Liebe und Wertschätzung

Die Suppe hat ein wundervoll sanftes, cremiges Aroma.

Variation 2: Spinatcremesuppe India

ca. 250 g frischer zarter Spinat
1 große oder 2 kleine reife Avocado
2 geh. EL gekeimte Chia-Samen
ca. 1 l Wasser
1 TL Kurkuma
1 EL Vanillesalz (bzw. nach Geschmack, zum Nachwürzen evtl. einfaches Meersalz)
einige Spritzer Zitronensaft
½ Medjool-Dattel (entkernt)
ein kleine Prise Cayennepfeffer

Die Suppe hat ein intensives Kurkuma-Aroma. Kurkuma gilt als sehr zuträglich für die Verdauungsorgane.

Variation 3: Spinatcremesuppe Szechuan

ca. 250 g frischer zarter Spinat
1 große oder 2 kleine reife Avocado
2 geh. EL gekeimte Chia-Samen
ca. 1 l Wasser
1 EL Meersalz (bzw. nach Geschmack)
1 knapper TL Szechuanpfefferkörner
1–2 TL naturtrüber Apfelessig (nach Geschmack)
Saft von 1–2 süßen Orangen

Die Suppe hat durch den Szechuanpfeffer ein ganz einzigartiges Aroma. Es ist eine Mischung aus blumigen, fruchtigen und pikanten Noten. Wenn der Pfeffer direkt auf die Zunge kommt, kann er kurzzeitig ein leichtes Prickeln oder eine taube Empfindung auf der Zunge erzeugen. Er wird auch japanischer Pfeffer oder Anispfeffer genannt.

Zubereitung für alle drei Suppenvariationen:

Waschen Sie den Spinat gründlich. Achten Sie darauf, dass keine Sandkörnchen mehr zwischen den Blättern sind. Schälen Sie die Avocado, und entfernen Sie den Kern. Pürieren Sie alle Zutaten zu einer cremigen Suppe.

Will man die Suppen als Trilogie servieren, so empfehle ich, die Sanfte Spinatcremesuppe als Grundlage zuzubereiten. Teilen Sie diese dann in 3 Portionen auf, und fügen Sie die zusätzlichen Zutaten der Variationen Szechuan und India jeweils einer davon zu. Schmecken Sie die einzelnen Variationen auf jeden Fall noch einmal gut ab, damit die Aromen schön rund und ausgewogen sind.

Servier-Tipp für die Trilogie: Die Suppen lassen sich sehr schön und wirkungsvoll in kleinen zylindrischen Gläsern präsentieren. Solche Gläser gibt es mit einer Füllmenge von jeweils 100 ml, sodass die Trilogie pro Person eine Portion von 300 ml, eine normale Suppenportion, ergibt.

Gazpacho mit Aprikosen

Zutaten für 4–6 Personen

250 g Aprikosen (frisch oder tiefgekühlt)
500 g reife Kirschtomaten
350 g rote Spitzpaprika mit Kernen (z. B. Ramiro)
¼ l Wasser
200 g Minigurken mit Schale
1 TL kalt gepresstes Olivenöl extra virgin
1 TL naturtrüber Apfelessig
ca. 7,5 g Meersalz
1 Prise frischer schwarzer Pfeffer
2–3 Tassen Eiswürfel
1 EL Honig, z. B. Akazienhonig oder Manukahonig
(Veganer können eine Medjool-Dattel oder ein wenig
Stevia verwenden.)
eine großzügige Portion Liebe und Freiheit

Waschen Sie das Obst und das Fruchtgemüse. Entkernen Sie die Aprikosen. Pürieren Sie diese Zutaten in einem Standmixer zu einer glatten Suppe. Fügen Sie die restlichen Zutaten hinzu, und mixen Sie erneut alles gründlich. Schmecken Sie die Suppe mit Salz und Pfeffer ab.

Servieren Sie sie sofort, oder stellen Sie sie bis zum Servieren kalt.

Diese Gazpacho schmeckt schön fruchtig und lieblich. Dafür sind neben den Aprikosen auch die erlesenen Zutaten Kirschtomaten, Spitzpaprika und Minigurken verantwortlich – junges, zartes Gemüse, das im Aroma noch sehr sanft ist.

Gazpacho mit weißen Trauben

Zutaten für 4–6 Personen

200 g weiße Trauben (möglichst kernlos)
500 g reife Tomaten (z. B. Busch- oder Romatomaten)
200 g rote Spitzpaprika mit Kernen (z. B. Ramiro)
250 g Gurken mit Schale
1 kleine Zehe junger Knoblauch
300 ml Wasser
60 ml kalt gepresstes Olivenöl extra virgin
60 ml naturtrüber Apfelessig
ca. 1 EL Meersalz
1 Prise frischer schwarzer Pfeffer
ca. 1 Tasse Eiswürfel
eine große Portion Liebe und Optimismus

Waschen Sie das Obst und das Fruchtgemüse. Schneiden Sie den Ansatz der Tomaten keilförmig heraus, und schälen Sie den Knoblauch.

Pürieren Sie diese Zutaten in einem Standmixer zu einer glatten Suppe. Fügen Sie die restlichen Zutaten hinzu, und mixen Sie alles erneut gut auf.

Geben Sie die Eiswürfel dazu, und zerkleinern Sie sie mit hoher Geschwindigkeit. Schmecken Sie die Suppe mit Salz und Pfeffer ab. Servieren Sie sie sofort, oder stellen Sie sie bis zum Servieren kalt.

Die Trauben-Gazpacho hat ein sehr angenehmes, rundes Aroma. Sie ist bei mir zufällig entstanden, als ich noch herrlich reife Trauben übrig hatte, die verbraucht werden mussten. Also habe ich sie spontan in die Gazpacho geworfen, die ich gerade zubereitete. Ich war sofort begeistert, wie gut das schmeckt. Experimentieren lohnt sich oft!

Gurkensuppe
nach Art meiner Mutter

Zutaten für 4 Personen
1 große Schlangengurke
4 EL rohes Mandelmus
1 l Wasser
1 reife Avocado (z. B. Hass)
2–4 EL naturtrüber Apfelessig
1–2 TL Honig oder ½ Dattel oder ein wenig Stevia
1–2 TL Meersalz
reichlich schwarzer Pfeffer
1 kleines Bund frischer Dill
Dillrapsöl zum Darüberträufeln
(z. B. von »Essbare Landschaften«)
eine reichliche Menge Liebe und Güte

Waschen Sie die Gurke gründlich, und schälen Sie sie. Die Schale können Sie z. B. für den nächsten Smoothie verwenden. Schälen Sie die Avocado, und entfernen Sie den Kern. Zupfen Sie für die Suppe die zarten Blätter vom Dill ab. Behalten Sie einen Zweig für die Dekoration zurück.

Pürieren Sie alle Zutaten außer dem Dillrapsöl im Standmixer zu einer cremigen Suppe. Mischen Sie, sofern Sie welche da haben, Eiswürfel unter, damit die Suppe schön kühl ist. Aber auch bei Zimmertemperatur schmeckt sie sehr gut.

Beträufeln Sie die Suppe vor dem Servieren mit ein paar Tropfen Dillrapsöl, und verzieren Sie sie mit dem Dillzweig oder den Dillblüten.

Sollten Sie keinen frischen Dill zur Hand haben, können Sie auch einen halben Esslöffel Dillrapsöl mit in den Mixer geben. Servieren Sie die Suppe sofort, oder stellen Sie sie bis zum Servieren kalt.

Ich liebe diese Gurkensuppe! Sie ist cremig, erfrischend und hat ein traumhaftes Aroma. Meine Mutter bereitete früher oft etwas zu, was sie »Gurkenmilch« nannte. Die habe ich unglaublich gern getrunken oder gelöffelt.

Weil ich schon seit längerer Zeit versuche, auf Milchprodukte zu verzichten, habe ich diese Variation auf Mandelbasis kreiert.

Melonen-Chili-Gazpacho

Zutaten für 4–6 Personen

1 Cantaloupe- oder Charentais-Melone (ca. 1 kg)
1 mittelscharfe Chilischote oder ½ scharfe Chilischote
(nach Geschmack)
1 Vanilleschote
1 Prise Meersalz
60 ml kalt gepresstes Olivenöl extra virgin
schwarzer Pfeffer aus der Mühle
2 EL naturtrüber Apfelessig
Saft einer Zitrone
nach Geschmack 1–2 EL Honig oder 1 Dattel
1–2 Tassen Eiswürfel
eine feurige Prise Liebe und Leidenschaft

Schälen Sie die Melone, und entfernen Sie die Kerne. Heben Sie mit einem kleinen Kugelausstecher für die Dekoration einige schöne Kugeln aus dem Melonenfruchtfleisch aus, und schneiden Sie das restliche Fruchtfleisch in grobe Würfel.

Befreien Sie die Chilischote von Stiel und Kernen, und schneiden Sie sie ebenfalls in grobe Stücke.

Kratzen Sie das Mark aus der Vanilleschote. Die Schote können Sie noch für andere Rezepte weiterverwenden (siehe unter Basics, Seite 238). Pressen Sie die Zitrone aus.

Geben Sie alle Zutaten nach und nach in den Standmixer, und pürieren Sie sie zu einer cremigen Suppe.

Schmecken Sie zum Schluss mit Pfeffer, Salz und Süße ab.

Die Melonensuppe sieht sehr schön aus, wenn man sie in einem Glasgefäß serviert. Zur Dekoration eignen sich aufgespießte Melonenkugeln mit einer Blüte. Sie können auch einige Chilifäden darüberstreuen.

Sommertraum-Vielfruchtkaltschale

**Zutaten für 4 (als Einzelgericht)
bis 8 Personen (als Vorspeise):**

ca. 250 g vollreife Erdbeeren
ca. 500 g ausgereifte Honigmelone
oder andere süße Melone
5 geh. EL Dattel-Vanille-Paste (siehe S. 238)
Fleisch von ¼ Zitrone
4 EL Zitronensaft
1 reife Avocado (z.B. Fuerte oder Thai)
1 reife Banane
1 ganze geschälte Orange
Saft von 2 Orangen
1 feine Prise Meersalz
etwas Pfeffer aus der Mühle
1 Tasse Eiswürfel (ca. 100 g)
eine großzügige Portion Liebe und Zärtlichkeit

Waschen Sie alle Zutaten gründlich. Entfernen Sie das Grüne von den Erdbeeren. Halbieren Sie die Melone, entfernen Sie die Kerne, und schneiden Sie das Fleisch heraus. Schälen Sie die Orange, und pressen Sie aus zwei weiteren den Saft. Schälen Sie die Avocado, und lösen Sie den Kern heraus.

Pürieren Sie sämtliche Zutaten im Standmixer zu einer cremigen Suppe. Wenn die Früchte sehr reif und süß sind, reichen von der Dattel-Vanille-Paste auch 3–4 EL.

Füllen Sie die Suppe direkt in Gefäße, dekorieren und servieren Sie sie. Die Kaltschale kann auch gut am Vortag vorbereitet und im Kühlschrank aufbewahrt werden.

Dieses Gericht hängt stark von der Qualität der Zutaten ab. Ich habe es einmal mit Obst zubereitet, das noch nicht voll ausgereift war, vermutlich war es zu früh geerntet worden. Es war schwierig, in diese Kaltschale überhaupt Aroma hineinzuzaubern. Also achten Sie beim Kauf unbedingt auf vollreife, saftige Früchte.

Tipp: Verwenden Sie dieses Rezept zum Herstellen eines schönen Sorbets! Geben sie einfach die fertige Kaltschale direkt in die Eismaschine, heben Sie dann schöne große Sorbetkugeln aus, und servieren Sie diese als Vorspeise oder Zwischengang. Es ist eine perfekte Erfrischung in den heißen Sommermonaten.

Pilz-Trüffelöl-Essenz

Zutaten für 4 Personen

200 g getrocknete Shiitake-Pilze
200 g getrocknete Morcheln
600 ml Wasser
5 EL Tamari
3–4 TL roher Yaconsirup
½ TL Meersalz (Fleur de Sel)
2 EL Zitronensaft
1 EL Trüffelöl (z.B. Bio-Trüffelöl von Godita)
ein Hauch frisch gemahlener schwarzer Pfeffer

Für die Einlage und Dekoration

2 Radieschen oder 1 Rettich
1 Frühlingszwiebel
1–2 hauchdünne Zitronen- oder Limettenscheiben
eine großzügige Prise Liebe und Schönheit

Diese Suppe ist sehr leicht zuzubereiten und macht großen Eindruck. Ihr intensives Pilzaroma, gekrönt durch das Trüffelöl, ist eine wunderbare Abwechslung für die Geschmacksnerven. Sie ist sehr leicht und eine erlesene Vorspeise im Rahmen eines festlichen Menüs.

Weichen Sie die getrockneten Pilze jeweils in 300 ml Wasser über Nacht bzw. für ca. 6 Stunden ein. Gießen Sie dann das Einweichwasser durch ein hauchfeines Sieb oder ein Käsetuch in ein Gefäß ab, sodass es ganz klar ist. Diese Brühe ist die Grundlage der Essenz.

Waschen Sie die Pilze noch einmal sehr gründlich unter fließendem Wasser. Vor allem bei den Morcheln ist Sorgfalt geboten, damit keine Sandkörnchen mehr darin hängen.

Geben Sie die restlichen Suppenzutaten zur Pilz-Brühe, und schmecken Sie sie fein ab.

Schneiden Sie für die Suppeneinlage und die Dekoration die Radieschen in feine Scheiben. Waschen Sie die Frühlingszwiebeln, und schneiden Sie sie durch einen diagonalen Schnitt in längliche Ringe.

Schneiden Sie einige der Morcheln in Ringe, lassen Sie die anderen jedoch ganz. Schneiden Sie die Shiitake-Pilze der Länge nach in Scheiben, sodass der Querschnitt schön zu sehen ist. Kleinere Pilze können Sie auch ganz lassen.

Füllen Sie die Brühe in Suppenteller oder Schalen, und verteilen Sie die Einlage jeweils darin. Allein die Einlage sieht in der Suppe schon sehr dekorativ aus. Wenn Sie sie in Tellern servieren, können Sie deren Rand noch mit einem Teil der geschnittenen Zutaten ansprechend dekorieren.

Apfel-Meerrettich-Suppe

Zutaten für 4 Personen

400 g Äpfel
500 ml Enzymgetränk (z.B. Dinkula Apfel-Holunder)
oder 500 ml Wasser
Fruchtfleisch von ½ Zitrone
Saft von 1 Orange
1 TL naturtrüber Apfelessig
2 EL gekeimte Chia-Samen
4 EL frische Meerrettichwurzel oder 2 TL ungeschwe-
felte, kalt verarbeitete Meerrettichzubereitung
1 TL Meersalz
4 EL rohes Mandelmus
etwas Pfeffer aus der Mühle
essbare Blüten zum Garnieren
(z.B. Zierquitte, Gänseblümchen)
eine große Portion Liebe und Kraft

Waschen Sie die Äpfel gut, und entfernen Sie Kerngehäuse und Stiel. Zerschneiden Sie dann die Äpfel
grob, und geben Sie die Stücke in den Standmixer.

Schälen Sie die halbe Zitrone, und geben Sie das
Fruchtfleisch mit der weißen Haut ebenfalls in den Mixer. Füllen Sie das Enzymgetränk bzw. das Wasser sowie den Orangensaft dazu, und pürieren Sie das Ganze kurz.

Schälen sie den Meerrettich, und reiben Sie ihn acht-
sam (die starken ätherischen Öle können die Augen
zum Tränen bringen). Geben Sie die geriebene Meerrettichwurzel bzw. das fertige Meerrettichpüree und alle restlichen Zutaten ebenfalls in den Standmixer, und
pürieren Sie alles zu einer feinen cremigen Suppe. Die
Suppe hat eine leicht schaumige Konsistenz.

Füllen Sie die fertige Suppe entweder sofort in schöne Schälchen, verzieren Sie sie mit essbaren Blüten,
und servieren Sie sie, oder stellen Sie sie bis zum Servieren kalt.

Die Suppe schmeckt sowohl kalt als auch leicht warm
sehr gut.

Gazpacho-Trilogie Rot – Gelb – Orange

Für 4–6 Personen

Zutaten Rote Gazpacho

ca. 200 g Ramiro-Paprika
200 ml Wasser
100 g Gurke ohne Schale
1 Knoblauchzehe (nach Geschmack)
1 EL kalt gepresstes Olivenöl extra virgin
1–2 TL Meersalz
1 EL naturtrüber Apfelessig
2 große reife Tomaten
schwarzer Pfeffer aus der Mühle
½ Tasse Eiswürfel
essbare Blüten zum Garnieren
(z. B. Gänseblümchen, Vogelmiere)
eine feurige Portion Liebe und Leidenschaft

Zutaten Gelbe Gazpacho

ca. 200 g gelbe Paprika
200 ml Wasser
150 g Gurke ohne Schale
1 Knoblauchzehe (nach Geschmack)
1 EL kalt gepresstes Olivenöl extra virgin
1–2 TL Meersalz
1 EL naturtrüber Apfelessig
1 mittelgroße reife Tomate
schwarzer Pfeffer aus der Mühle
½ Tasse Eiswürfel
essbare Blüten zum Garnieren
(z. B. Gänseblümchen, Vogelmiere)
eine feurige Portion Liebe und Leidenschaft

Zutaten Orange Gazpacho

ca. 200 g orange Paprika
200 ml Wasser
200 g Gurke ohne Schale
1 Knoblauchzehe (nach Geschmack)
1 EL kalt gepresstes Olivenöl extra virgin
1–2 TL Meersalz
1 EL naturtrüber Apfelessig
1 große reife Tomate
schwarzer Pfeffer aus der Mühle
1 kleine mittelscharfe Peperoni oder Peperonipulver
(z. B. Peperita Aji)
½ Tasse Eiswürfel
essbare Blüten zum Garnieren
(z. B. Gänseblümchen, Vogelmiere)
eine feurige Portion Liebe und Leidenschaft

Zubereitung für alle drei Varianten:

Waschen Sie alle Zutaten gründlich. Entfernen Sie bei der Paprika den Stiel, die Kerne können mitverwendet werden.

Schälen Sie die Gurke und den Knoblauch. Waschen Sie für die orange Gazpacho die Peperoni, und entfernen Sie den Stiel und die Kerne. Schneiden Sie bei der Tomate den Stielansatz keilförmig heraus. Pürieren Sie alle Zutaten außer den Eiswürfeln in einem Standmixer zu einer cremigen Suppe.

Mischen Sie erst am Ende die Eiswürfel unter, und mixen Sie weiter, bis sie komplett zerkleinert sind. Dadurch erhält die Suppe eine angenehme Kühle. Wenn Sie Ihre Gazpacho nicht so kühl mögen, können Sie die Eiswürfel auch weglassen.

Seidige weiße und grüne Spargelsuppe

Zutaten für 4–6 Personen

Weiße Spargelsuppe

400 g weißer Spargel
400 ml Wasser
3 EL Mandelpüree
1–2 TL Meersalz
einige Spritzer Zitrone
1 TL Yaconsirup oder Honig
etwas weißer Pfeffer aus der Mühle

Grüne Spargelsuppe

400 g grüner Spargel
400 ml Wasser
3 EL Mandelpüree
1–2 TL Meersalz
einige Spritzer Zitrone
1 TL Yaconsirup oder Honig
etwas schwarzer Pfeffer aus der Mühle

und eine große Portion Liebe und Kraft

Waschen Sie den grünen und den weißen Spargel, schneiden Sie die unteren Enden ein Stück ab, und schälen Sie sie. Beim grünen Spargel muss nur ein kleiner Teil der unteren Schale mit dem Spargelschäler entfernt werden, beim weißen Spargel der Großteil der Schale. Legen Sie von jeder Spargelfarbe eine schöne dünne Stange für die Dekoration beiseite. Zerkleinern Sie den übrigen Spargel grob.

Pürieren Sie erst den weißen Spargel mit dem Wasser fein. Geben Sie das Mandelpüree dazu, und pürieren Sie ihn erneut. Das Püree sieht aus wie schaumige Milch. Fügen Sie die restlichen Zutaten hinzu, pürieren Sie alles gut, und schmecken Sie die Suppe ab.

Verfahren Sie mit dem grünen Spargel genauso.

Füllen Sie die Suppen in schöne Gläser oder Schalen, und verzieren Sie sie jeweils mit einem Spargel und Kräutern oder Blüten.

Aus rohem Spargel Cremesuppen zu machen, war für mich ein echtes Experiment. Ich hatte keine Ahnung, ob das funktionieren würde. Umso überraschender war das Resultat: Sie schmecken genial!

Achten Sie bei Spargel unbedingt auf Bio-Qualität von höchster Güte. Spargel nimmt aus dem Erdreich sämtliche Düngemittel und Gifte auf und enthält somit häufig viele Stoffe, die wir definitiv nicht in unserem Körper haben wollen.

Avocadokaltschale & -sorbet

Zutaten für 4 Personen
2 reife Avocados (z. B. Fuerte)
Saft von ½ Zitrone oder Limette
500 ml frisch gepresster Orangensaft
(von ca. 3 großen Orangen)
Mark von ½ Vanilleschote
eine kleine Prise Vanillesalz oder Meersalz
ca. 200 g Eiswürfel (2 Tassen)
essbare Blüten und Kräuter zum Dekorieren
(z. B. Wiesenschaumkraut, Zitronenmelisse)
eine großzügige Portion Liebe und Entzücken

Schälen Sie die Avocados, und entnehmen Sie die Kerne. Pressen Sie die Orangen und die halbe Zitrone aus, und füllen Sie den Saft zusammen mit dem Avocadofleisch in den Standmixer.

Waschen Sie die Vanilleschote, halbieren Sie sie, und schneiden Sie eine Hälfte längs auf, sodass Sie das Mark mit einem Löffelchen herauskratzen können. Geben Sie dieses ebenfalls in den Mixer.

Fügen Sie noch eine kleine Prise Vanillesalz oder normales Meersalz hinzu, und pürieren Sie alles zu einer cremigen Suppe.

Mixen Sie zum Schluss die Eiswürfel mit in der Suppe. Wenn Sie keine da haben, können Sie auch 200 ml Wasser beimischen.

Die Kaltschale ist eine wunderbar sahnig-cremige Suppe. Sie kann nach Belieben durch die Beigabe von mehr Wasser oder Orangensaft flüssiger gemacht werden. Geben Sie weniger Flüssigkeit zu, wird die Kaltschale wie ein Pudding.

Mein Tipp: Bereiten sie aus einem Drittel der Suppe ein Sorbet in der Eismaschine zu. Servieren Sie dann die Suppe und das Sorbet im Duett.

Zur Dekoration eignen sich essbare Blüten oder Kräuter wie Zitronenmelisse oder Fruchtsalbei.

Salate

Salate sind sehr einfach zuzubereiten, weil man für fast alle Rezepte keinerlei elektrische Geräte benötigt. Selbst ein Dressing kann man gut von Hand herstellen, z. B. indem man einen Mixbecher zum Schütteln verwendet.

Wer einen Mini-Blender besitzt, kann natürlich Dressings sehr bequem und gegebenenfalls auch einmal in einer Vorratsmenge herstellen.

Salate sind ebenso wie Suppen ein sehr schnell zubereitetes Essen. Auch sie lassen sich einfach vorbereiten und in hübschen Boxen gut für unterwegs mitnehmen.

Wir lieben es über alles, abends während der letzten Sonnenstrahlen beim Frühlingskonzert der Vögel draußen auf unserer Veranda einen bunten Salat mit einem schönen Gläschen Wein zu genießen. Welch schöner Ausklang für einen Tag!

Direkt neben unserem Esstisch wachsen im Blumenkasten der Pflücksalat, der uns vom Frühling bis in den Frühsommer hinein genügend Blätter für unsere täglichen Grünen Smoothies schenkt, sowie viele verschiedene Kräuter, die wir nach Lust und Laune dazumischen.

Seit drei Jahren kommt in jedem Frühling wieder ein Amselmännchen in unseren Garten und beglückt uns mit seinem unglaublich schönen und fantasievollen Gesang. Weil es solch ungewöhnliche Tonfolgen und Melodien voller Inbrunst schmettert, erkennen wir es jedes Jahr sofort wieder. Letztes Jahr haben wir ihm, weil wir so begeistert von ihm sind, einen Namen gegeben: »Botticelli!«, und wir begrüßen ihn nun immer mit einem Lächeln im Gesicht. War das eine Freude, als er vor wenigen Tagen das erste Mal in diesem Jahr wieder zu hören war! Ich war so glücklich, dass ich sofort meinen Mann, der noch im Büro war, anrufen musste, um es ihm mitzuteilen.

Es sind diese kleinen Dinge im Leben, die mir das Herz aufgehen lassen und mich mit einer grenzenlosen Dankbarkeit durchfluten. Danke, dass ich hier leben darf! Jeden Tag aufs Neue.

SCHRITT 1: Hobeln Sie den Fenchel in feine Ringe, und verteilen Sie diese über den gesamten Salat.

SCHRITT 2: Schneiden Sie die gelbe und die orange Paprika in kleine Würfel, und verteilen Sie diese ebenfalls über den gesamten Salat.

Blütenzauber-Salatmandala

Zutaten für 4–6 Personen

1 Kopf Bataviasalat
1 kleine Fenchelknolle
1 gelbe Paprika
1 orange Paprika
1 rote Ramiro-Paprika
1 Gurke
ca. 10 Kirschtomaten
ca. 50 g Erbsgrün
eine große Portion Liebe und freudiges Staunen

zum Verzieren und für feine köstliche Geschmacksnuancen essbare Blüten, zum Beispiel von: Ananassalbei, Borretsch und Kapuzinerkresse

Waschen Sie alle Zutaten gründlich, und schleudern Sie den Salat trocken. Suchen Sie die schönsten Blätter heraus, um sie kreisförmig auf einer flachen Salatschale anzuordnen. Sie ergeben sozusagen ein rundes Salatbett.

Zupfen Sie den restlichen Salat in mundgerechte Stücke, und verteilen Sie ihn locker auf diesem Salatbett.

SCHRITT 3: Hobeln Sie die Ramiro-Paprika in feine Ringe, und ordnen Sie diese kreisförmig am äußeren Rand an.

SCHRITT 4: Drapieren Sie als Nächstes das Erbsgrün außen herum, indem Sie es in kleinen Bündeln unter die Salatblätter schieben.

SCHRITT 5: Verteilen Sie die Blüten kreisförmig im inneren Bereich.

Zu diesem Salat stelle ich einfach verschiedene Öle und Essige sowie Pfeffer und Salz auf den Tisch, sodass jeder sich bedienen kann. Beispielsweise eignen sich Olivenöl, Citrolivenöl, Apfelessig, Holunderblütenessig, Balsamico bianco und andere. Der Fantasie sind bei diesem Salat keine Grenzen gesetzt. Es lassen sich verschiedenste Kräuter untermischen, Kohlrabi- oder Möhrenraspel machen den Salat noch bunter und fröhlicher. Kreieren Sie einfach Ihr wunderschönes Salatmandala!

Durch den Bataviasalat schmeckt dieser Salat herrlich knackig und bietet durch die vielen verschiedenen Zutaten eine Menge Abwechslung. Darüber hinaus ist er eine wahre Augenweide.

Fertig!

SCHRITT 6: Vierteln Sie die Kirschtomaten, und legen Sie sie um die Blüten herum.

SCHRITT 7: Hobeln Sie die Gurke in feine Ringe, und legen Sie diese rundum zu einem Kreis auf den Salat.

SCHRITT 8: Setzen Sie zum Schluss, wenn Sie welche haben, Kapuzinerkresseblüten in die Mitte.

Endiviensalat mit Curry-Dressing

Zutaten für 4 Personen

Salat
1 Kopf Endiviensalat
1 reife Birne (z. B. Williams)
1 reife, saftige Orange
eine Handvoll reife Blaubeeren
Kerne eines halben Granatapfels

Dressing
Saft einer reifen, saftigen Orange
Saft einer halben kleinen Zitrone
ca. 20 ml naturtrüber Apfelessig
ca. 50 ml kalt gepresstes Olivenöl extra virgin
ca. 40 ml Wasser
2 reife Apfelbananen (ca. 70 g)
1 kleines Stückchen frische Chili
1 TL mildes Currypulver
Meersalz (nach Geschmack)
etwas frischer schwarzer Pfeffer aus der Mühle
etwas Stevia oder Honig (nach Geschmack)
eine riesige Portion Liebe und Toleranz

Waschen Sie alle Zutaten gründlich. Schleudern Sie die Salatblätter trocken, und zupfen Sie sie in mundgerechte Stücke.

Schälen und filetieren Sie die Orange. Schneiden Sie die Filets jeweils in 3 Stücke. Vierteln Sie die Birne längs, entfernen Sie das Kerngehäuse, und schneiden Sie sie in Scheiben. Die Birne sollte als letzte Zutat kurz vor dem Servieren vorbereitet werden, damit sie nicht braun anläuft.

Vermischen Sie alle Salatzutaten locker. Halten Sie von den Orangenfilets, den Blaubeeren, den Granatapfelkernen und den Birnenscheiben jeweils ein wenig zurück, damit Sie es zur Dekoration auf dem Salat verteilen können.

Vermengen Sie für das Dressing alle Zutaten im Standmixer zu einem cremigen Püree. Schmecken Sie es mit Salz, Pfeffer und Süße ab. Restliches Dressing lässt sich gut in einem verschlossenen Gefäß für einige Tage im Kühlschrank aufbewahren.

Dieser Salat bietet ein aufregendes Zusammenspiel verschiedener Aromen. Das leicht Bittere des Endiviensalates mit der Süße und Säure der Früchte wird perfekt durch das fruchtige und leicht scharfe Currydressing ergänzt. Der Salat vereint alle fünf Geschmacksrichtungen und weckt auf wunderbare Weise alle unsere Geschmacksknospen.

Verwenden Sie auch mal frische Mango oder Papaya für diesen Salat. Auch ein paar Scheiben Apfelbanane passen wunderbar. Ich selbst streue gern noch frische Kräuter wie beispielsweise Korianderblättchen, Fruchtminzeblättchen oder zarte Pfefferminzblättchen darüber.

Elfengartensalat mit Sprossen und Blüten

Zutaten für 4–6 Personen

Salat

1 Eichblattsalat
6 Radieschen
10 Kirschtomaten
3 bunte wilde Tomaten, sofern erhältlich
1 zarte Fenchelknolle
1 gelbe Paprika
2–3 Minigurken
200 g Sprossen nach Wahl,
z.B. Brokkolisprossen oder Kohlrabisprossen
200 g Alfalfasprossen
200 g Rote-Bete-Sprossen
essbare Blüten, z.B. Hornveilchen
eine üppige Menge Liebe und Heiterkeit

Löwenzahn-Dressing

50 ml kalt gepresstes Olivenöl extra virgin
50 ml Apfelbalsamico
50 ml Wasser
1 knapper TL Meersalz
ein wenig Honig oder Stevia
eine Handvoll Löwenzahn

Waschen Sie alle Zutaten gründlich. Zupfen Sie den Eichblattsalat in kleine mundgerechte Stücke.

Schneiden Sie die Radieschen in feine Scheiben, und vierteln Sie die Kirschtomaten.

Hobeln Sie den Fenchel in sehr dünne Scheiben. Schneiden Sie die Paprika sowie die Minigurken in feine Würfel.

Mischen Sie alle Zutaten locker miteinander, und verteilen Sie die verschiedenen Sprossen darüber. Verzieren Sie den Salat mit einer essbaren Blüte.

Pürieren Sie alle Zutaten für das Dressing gut im Standmixer.

Der Löwenzahn kann, wenn man keinen bekommt, auch weggelassen oder durch Rucola ersetzt werden.

Liebeserklärung an den Grünkohl

Die meiste Zeit meines Lebens konnte ich mit Grünkohl überhaupt nichts anfangen. Ich assoziierte damit nur ein völlig verkochtes, breiiges Gericht mit Wursteinlage. Bei meinen Eltern gab es ohnehin nie Grünkohl. So war er ein mir fremdes Gemüse, und es reizte mich auch gar nicht, mit ihm zu experimentieren. Als ich dann anfing, mich mit Rohkost zu beschäftigen, erkannte ich jedoch ganz schnell, dass Grünkohl selbstverständlich auch roh gegessen werden kann. Was für eine Entdeckung!

In einem meiner zahllosen englischen Rohkostbücher las ich von gedörrten marinierten Grünkohlblättern, die nach dem Trocknen ganz knusprig sind, fast wie Chips. Das musste ich natürlich, neugierig wie ich bin, gleich in zahlreichen Varianten ausprobieren. Einiges war köstlich, manches nicht so berühmt. Im Abschnitt »Vorspeisen und Snacks« stelle ich Ihnen mein Lieblingsrezept hierfür vor. Aber der absolute Renner bei uns ist der Grünkohlsalat.

Ich hätte nie gedacht, dass Grünkohl so lecker sein kann. Wenn ich Gästen meinen Grünkohlsalat serviere, schauen die mich immer erst einmal skeptisch und ungläubig an. Nach dem Essen wollen die meisten dann aber unbedingt das Rezept haben. Wann immer es in der kalten Jahreszeit Grünkohl im Bioladen gibt, nehme ich ihn mit. In diesem Jahr ziehe ich auch zum ersten Mal eigene Grünkohlpflänzchen, denn ich hoffe, ich kann so das ganze Jahr über Blätter aus dem Topf zupfen und habe immer zarten, frischen Grünkohl zur Hand. Auch für die Grünen Smoothies ist er eine meiner Lieblingszutaten.

Weitere Experimente sind der Helgoländer Wildkohl und der Toskanische Schwarzkohl, die ich beide gerade in Anzuchterde heranziehe. Ist das vielleicht spannend!

Grünkohlsalat, wie ich ihn liebe!

Zutaten für 4–6 Personen
- 1 Grünkohl (ca. 400 g)
- 1–2 Orangen
- 1 Babyananas (optional)
- 1 Granatapfel
- eine Handvoll Pinienkerne oder Zedernkerne
- Meersalz
- schwarzer Pfeffer
- kalt gepresstes Olivenöl extra virgin
- 1–3 EL naturtrüber Apfelessig (nach Geschmack)
- etwas Honig oder 1–2 pürierte Datteln
- eine große Portion Liebe und Schenken

Waschen Sie den Grünkohl gründlich, und schneiden Sie ihn in möglichst feine Streifen. Schneiden Sie auch die Stiele in ganz feine Streifen, oder würfeln Sie sie sehr fein. Sie können auch weggelassen werden.

Kneten Sie den Grünkohl gründlich mit Olivenöl und Salz, bis er zusammenfällt und dadurch weicher wird. Er sieht dann fast wie leicht gedünstet aus. Mischen Sie dann den Apfelessig darunter.

Schälen Sie die Orange(n) wie einen Apfel, filetieren Sie sie, und fangen Sie dabei den Saft auf. Geben Sie diesen mit in den Behälter zu den Filets.

Schneiden Sie die Ananas in feine Würfel. Lösen Sie die Kerne aus dem Granatapfel, und stellen Sie einen Teil davon für die Dekoration des Grünkohls beiseite.

Mischen Sie das Obst unter den Grünkohl, und geben Sie dann die Nüsse dazu. Schmecken Sie das Ganze gut ab, eventuell auch mit etwas frisch gemahlenem schwarzem Pfeffer. Zum Süßen können Sie noch zusätzlichen Orangensaft pressen oder etwas milden Honig bzw. etwas pürierte Dattel dazugeben. Der Salat soll ein nussig-fruchtiges Aroma haben.

Servier-Tipp (siehe Schritt-für-Schritt-Anleitung rechts):

Diesen Salat kann man wunderschön in Servierringen zu Türmchen oder z. B. in einer Herzform anrichten. Dafür wird der Salat in die Form gedrückt, auf der Oberfläche werden die Granatapfelkerne verteilt, und die Garnierform wird vorsichtig abgezogen.

Tipp für Esser, die nicht ganz streng nach Rohkostrichtlinie leben:

Rösten Sie die Pinienkerne oder Zedernkerne nach dem Vorbereiten des Grünkohls vorsichtig goldbraun, und stellen Sie sie zum Abkühlen beiseite. Das Aroma leicht gerösteter Nüsse oder Kerne ist in diesem Salat ein echtes Highlight.

Wer keine Nüsse rösten möchte, kann auch dadurch ein nussiges Aroma erzielen, dass er etwas Kürbiskernöl beigibt.

Diesen Salat habe ich schon unzähligen Menschen aufgetischt. Erst habe ich stets ungläubige bis skeptische Blicke geerntet, wenn ich sagte, es sei ein Grünkohlrohkostsalat. Aber bisher hat er allen vorzüglich geschmeckt, und die meisten wollten gleich das Rezept wissen.

Regenbogen-Salatsinfonie

Zutaten für 4–6 Personen

2–4 Radicchiosalate (je nach Größe)
ca. 200 g Rucolasalat
2 mittelgroße Möhren
1–2 Pitahayafrüchte
ca. 200 g Blaubeeren
ca. 100 g rote Johannisbeeren
eine Handvoll rote oder weiße (am besten kernlose) Weintrauben
1 saftiger Apfel
verschiedene essbare Blüten, z.B. von Borretsch,
Glockenblumen, Kapuzinerkresse oder Bellis
eine sehr große Portion Fröhlichkeit

Waschen Sie die Salate gut, und schleudern Sie sie trocken. Schneiden Sie den Radicchio in feine Streifen, und zerpflücken Sie den Rucola, sofern die Blätter nicht mundgerecht sind, in grobe Stücke. Mischen Sie die beiden Salatsorten gut in einer großen flachen Schale. Waschen Sie die Möhren entweder sehr gründlich und verwenden Sie sie mit Schale, oder schälen Sie sie mit dem Sparschäler. Raspeln Sie sie mit einer Reibe. Schälen Sie die Pitahayafrucht, und heben Sie mit einem Kugelausstecher so viele kleine Kugeln wie nur möglich aus. Die Reste können Sie für den nächsten Smoothie verwenden oder einfach sofort essen.

Halbieren Sie die Weintrauben, und lösen Sie, falls sie nicht kernlos sind, die Kerne mit einem Messer aus. Verteilen Sie die Früchte dekorativ über den Salat, und mischen Sie sie leicht unter – achten Sie aber darauf, dass der größte Teil an der Oberfläche sichtbar ist.

Schön ist es auch, mit dem Kugelausstecher ausgehobene Kugeln von Papaya oder Mango in den Salat zu geben. Auch kleine Melonenkugeln passen hervorragend. Verzieren Sie den Salat zum Schluss mit den Blüten.

Zum Anmachen direkt am Tisch verwende ich Himbeeressig oder Apfelessig und eine Mischung aus Walnussöl und etwas Mandelöl oder ein leichtes, fruchtiges Olivenöl. Nach Geschmack kann jeder seine Portion noch salzen.

Dieser Salat ist ein Fest für alle Sinne. Er ist sozusagen eine Mischung aus Blattsalat und Obstsalat. Je nachdem, welche Blüten es gerade gibt, kann man mit ihnen wunderbar dekorieren. Auch weiße Bellis oder Gänseblümchen würden diesem Salat gut stehen. So ist dies ein Salat, der definitiv für den Reichtum und die Schönheit der Natur steht.

Himmlischer Spitzkohlsalat

Zutaten für 4 Personen

1 kleiner Spitzkohl oder Weißkohl
2–3 EL naturtrüber Apfelessig
1–2 EL kalt gepresstes Olivenöl extra virgin
Meersalz
reichlich schwarzer Pfeffer aus der Pfeffermühle
etwas Honig oder Palmblütenzucker oder Dattelpaste
eine Handvoll weiße Trauben (am besten kernlos)
eine riesige Menge Liebe und gute Laune

Hobeln Sie den Spitzkohl sehr fein, zum Beispiel mit einem Keramikhobel. Das hauchfeine Hobeln des Kohls macht diesen Salat so besonders.

Mischen Sie nacheinander Apfelessig, Olivenöl und Salz unter. Wenn Sie wollen, mischen Sie noch Honig oder einen anderen Süßstoff bei, manchmal reicht die Süße der Trauben aber vollkommen aus.

Schmecken Sie den Salat mit reichlich schwarzem Pfeffer aus der Pfeffermühle ab. Vierteln Sie die Trauben, entkernen Sie sie, wenn nötig, und mischen Sie sie unter.

Lassen Sie den Salat 15–30 Minuten ziehen.

Köstlich schmeckt es auch, wenn man zum Schluss etwas ganzen Kümmel darüberstreut.

Ich liebe den Krautsalat, wenn er so zart gehobelt ist. Er zergeht dann förmlich auf der Zunge und ist dabei gleichzeitig total knackig und saftig. In der Kombination mit den Trauben schmeckt er wunderbar fruchtig, und man kann gar nicht genug davon bekommen … ich zumindest.

Tamari-Rotkohlsalat

Zutaten für 4 Personen
1 kleiner Rotkohl
2 EL naturtrüber Apfelessig
2 EL kalt gepresstes Olivenöl extra virgin
etwas Meersalz (nach Bedarf)
2–3 EL Tamari
1 TL Honig oder Dattelpaste
verschiedene Sprossen für die Dekoration
eine große Portion Liebe und Dankbarkeit

Schneiden Sie den Rotkohl in grobe Stücke, und lassen Sie diese dann auf das rotierende Messer des Häckslers einer Küchenmaschine fallen, sodass eine feingehäckselte Masse entsteht. Sie können die Stücke auch in einem Standmixer vorsichtig pulsierend häckseln – dabei müssen Sie achtgeben, dass die Masse nicht zu fein wird.

Geben Sie diese Masse in eine Schüssel, und machen Sie sie mit den restlichen Zutaten an. Schmecken Sie nach Ihren Vorlieben mit Apfelessig, Tamari, Süße etc. ab.

Bereiten Sie aus den Sprossen ein schönes Nest, und geben Sie in die Mitte jeweils eine Kugel des Rotkohlsalates. Die kann man gut mit dem Eisportionierer aus der kompakten Rotkohlmasse stechen. Sie können den Salat auch in eine halbkugelförmige Timbaleform füllen und auf den Teller stürzen.

Für eine größere Gesellschaft kann man sehr schön viele Kugeln dieses Salates auf eine Platte mit buntem Salat- und Sprossenbett setzen.

Dieser Salat ist eine echte Überraschung und überzeugt sogar oft die, die schon bei dem Gedanken an Rotkohlsalat das Gesicht verziehen, weil sie ihn langweilig finden.

Er lässt sich blitzschnell und auch mal ganz spontan zubereiten, vorausgesetzt, man besitzt eine Küchenmaschine mit Häcksel-Funktion (z. B. einen Thermomix). Wichtig ist, darauf zu achten, dass der Kohl nicht zu klein gehäckselt wird.

Die Inspiration zu diesem Rotkohlsalat fand ich bei dem engagierten Schweizer Rohkoch Urs Hochstrasser. Er verwendet darin, was wirklich ausgesprochen lecker ist, Lebkuchengewürzmischung. Dadurch entsteht ein warmes Aroma, das besonders im Winter sehr angenehm ist. Auch Zimt eignet sich gut. Spielen Sie einfach etwas mit Gewürzen!

»Buddhas Garten«-Salat

Zutaten für 4 Personen

1 junger Kopfsalat
ca. 100 g Rotkohlsprossen
ca. 100 g Alfalfasprossen
ca. 50 g Erbsgrün
12 Kirschtomaten
8 Physalisfrüchte
1 kleine rote Wassermelone (am besten kernarm)
eine große Portion Liebe und Achtsamkeit

Waschen Sie den Kopfsalat, schleudern Sie ihn trocken, und zupfen Sie ihn in mundgerechte Stücke. Waschen Sie die einzelnen Sprossensorten, und lassen Sie sie im Sieb gut abtropfen. Waschen Sie die Kirschtomaten, und vierteln Sie sie.

Vermengen Sie den Salat, die Sprossen und die Tomaten locker. Stecken Sie das Erbsgrün rundum und in der Mitte aufrecht in den Salat, sodass es wie Bambus aussieht.

Öffnen Sie vorsichtig die Blätter der Physalisfrüche, damit jede Frucht wie ein offener Lotos aussieht, und verteilen Sie diese über den Salat.

Schälen Sie die Melone, und schneiden Sie sie entweder in Würfel oder heben Sie mit einem Kugelausstecher kleine Kugeln aus. Verteilen Sie Würfel oder Kugeln auf dem Salat.

Besonders schön ist es, wenn Sie die Melone in Scheiben schneiden und mit einer Ausstechform kleine Buddhas oder andere Motive daraus ausstechen.

Wenn Sie, wie im Beispielfoto dieses Salates, die Buddhas aufrecht auf den Salat setzen, wirkt er wie ein tropisch-magischer Garten.

Zum Anmachen passen Citrolivenöl und Holunderblüten- oder Himbeerblütenessig und etwas Salz aus der Salzmühle. Sehr lecker sind dazu Rohcracker mit Avocadoscheiben, Pfeffer und Salz.

Schöne Ausstechformen gibt es in schier endloser Vielfalt im gut sortierten Einzelhandel oder man kann sie über das Internet beziehen.

Sauerkrautsalat mit Ananas

Zutaten für 4 Personen als Vorspeise oder Beilage

400 g rohes Sauerkraut (siehe S. 243)
200 g frische, reife Ananas (am besten Babyananas)
1 kleine Möhre
4 EL Ananassaft oder fein pürierte Ananas
Meersalz
schwarzer Pfeffer aus der Mühle
ganzer Kümmel zur Dekoration

Dressing

100 ml Wasser
4 EL rohes Mandelmus
1 TL Meersalz
¼ TL schwarzer Pfeffer
1–2 EL naturtrüber Apfelessig
eine üppige Menge Liebe und Heiterkeit

Schneiden Sie das Sauerkraut, falls es sehr grob ist, noch etwas feiner. Weichen Sie es kurz in kaltem Wasser ein, und lassen Sie es gründlich abtropfen, falls es sehr intensiv sauer schmeckt. Schälen Sie die Ananas, und schneiden Sie sie in feine Würfel. Enthält das Sauerkraut keine Möhren (siehe S. 243), schälen Sie eine Möhre, und raspeln Sie sie grob. Vermischen Sie alle Salatzutaten gut miteinander.

Pürieren Sie alle Zutaten für das Dressing im Standmixer zu einer cremigen Soße. Vermischen Sie sie gründlich mit dem Salat. Füllen Sie den Salat in eine schöne Schale, und bestreuen Sie ihn locker mit etwas ganzem Kümmel. Dieser Salat ist erfrischend, fruchtig und äußerst vitaminreich.

Vorspeisen & Snacks

Bevor ich Ihnen eine Auswahl köstlichster Vorspeisen und Snacks vorstelle, gibt es einiges zur Küchenausrüstung zu sagen.

Die folgenden Rezepte stellen unterschiedliche Anforderungen an die Küchenausrüstung. Für manche benötigt man lediglich das übliche Küchenwerkzeug, wie Schneidebrett, Messer, Küchenreibe, Sieb usw.

Für etliche Rezepte wird eine Küchenmaschine zum Häckseln, Pürieren usw. benötigt. Wiederum andere erfordern ein Dörrgerät (ich nenne es auch Trockner).

Letzteres benötigt man für die Rezepte, bei denen Speisen auf ca. 40°C erwärmt werden sollen, oder für solche, die in der Regel sogar am Vortag vorbereitet werden, weil die Gerichte für etliche Stunden trocknen müssen. Das betrifft alle Rezepte die Brot, Cracker, eine Tarte-Kruste oder einen Pizzaboden enthalten.

Diese Rezepte können also nicht an *einem* Tag zubereitet werden, sondern müssen ein oder zwei Tage im Voraus geplant werden. Daher empfehle ich eine gewisse Vorratshaltung bestimmter Rezeptgrundlagen, damit man auch diese Rezepte ganz spontan zubereiten kann.

Olivenbrot-Sandwich mit Sprossen

Die Olivenbrote müssen mindestens einen Tag vorher zubereitet werden.

Zutaten für 4 Sandwiches

8 runde Olivenbrotscheiben (siehe S. 102)
2 reife Avocados
8 reife Cocktailtomaten
ca. 120 g Sprossen (nach Geschmack,
z. B. Brokkolisprossen, Radieschensprossen)
schwarzer Pfeffer aus der Mühle
Meersalz aus der Mühle
ein Klecks Mayonnaise (siehe S. 242)
einige Körner roter Pfeffer
eine üppige Prise Wohlsein und Liebe

Verwenden Sie für jedes Sandwich zwei runde Olivenbrote.

Belegen Sie eines mit dem Fruchtfleisch einer halben Avocado, die in Scheiben geschnitten wurde, und streuen Sie etwas Salz und Pfeffer darüber.

Schneiden Sie 2 Cocktailtomaten in Scheiben, und verteilen Sie sie über die Avocado. Streuen Sie erneut etwas Salz und Pfeffer darüber. Türmen Sie darauf die Sprossen.

Streichen Sie einen kleinen Klecks Mayonnaise auf die Unterseite des anderen Olivenbrots, damit es gut hält, wenn Sie es auf das belegte Brot auflegen. Wer keine Mayonnaise mag, kann auch etwas zerdrücktes Avocadofleisch verwenden.

Tragen sie zur Dekoration beispielsweise einen Tupfer Mayonnaise auf, und streuen Sie darauf den roten Pfeffer.

Tipp: Bei der Herstellung des Olivenbrots können Sie auf eine Hälfte der runden Scheiben vor dem Trocknen hellen und dunklen gekeimten Sesam streuen. Das ist sehr dekorativ.

Zwiebel-Oliven-Cracker als Minisnack

Erforderliche Geräte: Pürierstab oder Standmixer; Dörrgerät

Zutaten für 20–24 runde Brotscheiben

75 g (ca. 2 mittelgroße) rote Zwiebeln
100 g Paranüsse oder Walnüsse
250 g (ca. 1) grüne Zucchini
ca. 500 ml Wasser
125 ml nicht pasteurisierte Tapenade (z. B. von Vita Verde) oder pürierte schwarze Oliven
1 EL grüne Rosinen (einige Stunden in Wasser einweichen lassen; das Wasser wird mitverwendet)
120 g gekeimter Buchweizen
50 g Leinsamenschrot
1 mittelgroßer Apfel
1 Spritzer Zitronensaft
ca. 1 TL Meersalz
ein guter Schwung Liebe und Glück

Für die Dekoration

weißer und schwarzer gekeimter Sesam
zum Bestreuen

Schälen Sie die Zwiebeln, würfeln Sie sie grob, und lassen Sie sie mindestens 6 Stunden oder am besten über Nacht in Wasser einweichen. Spülen Sie die Zwiebeln kurz unter kaltem Wasser ab, bevor Sie sie verwenden. Lassen Sie die Nüsse ebenfalls über Nacht einweichen, und spülen Sie auch diese kurz ab, bevor Sie sie verwenden.

Pürieren Sie die gesamten Zutaten in einem Standmixer zu einer glatten Masse. Schmecken Sie die Masse anschließend noch einmal ab, und geben Sie gegebenenfalls noch etwas Salz dazu.

Tragen Sie nun die Masse zum Beispiel kreisförmig (in der von Ihnen gewünschten Größe) auf die Antihaftmatten des Dörrgerätes auf. Sehr praktisch finde ich es, einen Servierring zur Hilfe zu nehmen. Auf diese Weise erhält man schöne, gleichmäßig runde Brotscheiben. Pro Servierring mit einem Durchmesser von 8 cm verwende ich knapp 2 EL Masse.

Für die kleinen Taler verwende ich kleine ovale Förmchen. Variieren und experimentieren Sie selbst, wie dick oder dünn Sie das Brot gern mögen.

Lassen Sie nun die Brotscheiben und Taler für 6–8 Stunden im Dörrgerät trocknen. Sobald die Brote und Taler an der Oberfläche eine gewisse Trockenheit und Festigkeit erreicht haben, wenden Sie sie.

Ich lege dafür immer eine der Schubladen des Dörrgerätes mit der Gitterauflage (ohne die Antihaftmatte) auf die trockene Oberseite der angetrockneten Brotscheiben und Taler und stürze diese dann, indem ich einfach das Ganze wende. So lässt sich die Antihaftmatte leicht von oben abziehen. Seien Sie vorsichtig, dass nichts von den noch feuchten Unterseiten an der Matte hängen bleibt. Machen Sie also einen Test, bevor Sie das Gitter wenden.

Lassen Sie abschließend die Brote und Taler für weitere 4–6 Stunden im Dörrgerät trocknen, und holen Sie sie heraus, wenn sie die von Ihnen gewünschte Konsistenz erreicht haben.

Wenn man die Brotscheiben nicht ganz knusprig trocken werden lässt, so haben sie eine ähnliche Konsistenz wie Pumpernickel. Die Taler sind auch köstlich, wenn man sie ganz durchtrocknet. Sie sind dann eine herrliche Knabberei.

Bewahren Sie die fertigen Brotscheiben und Taler in luftdichten Boxen auf, und lagern Sie sie kühl und dunkel.

Je feuchter das Brot ist, umso schneller muss es verbraucht werden. Feuchtes Brot kann bei kühler Lagerung gut eine Woche lang aufbewahrt werden. Trockenes kann bis zu 3 Wochen lang, mitunter sogar länger, aufbewahrt werden.

Anmerkung: Viele Menschen haben Probleme mit Zwiebel- und Lauchgewächsen, weil diese im Rohzustand Blähungen verursachen können. Meine Erfahrung ist, dass, wenn man die Zwiebeln für einige Stunden oder sogar über Nacht in Wasser einweicht, sie sanfter werden und somit weniger blähend wirken.

Das Rezept ist absolut köstlich, wenn man das Aroma von schwarzen Oliven mag! Bei uns ist es sofort ein Renner geworden. Ich kann gar nicht so schnell schauen, wie die Brotscheiben und vor allem die kleinen Taler verputzt werden.

Grünkohlknusper pikant

... der klasse Snack für zwischendurch und unterwegs

Erforderliche Geräte: Standmixer und Dörrgerät

Zutaten für 4 Personen
ca. 500 g Grünkohl (ohne Stiele)

Für die Marinade
30 ml kalt gepresstes Olivenöl extra virgin
15 ml Sesamöl (geröstet oder ungeröstet)
200 ml Tamari
2 EL Manukahonig
1 kleiner Apfel (entstielt und entkernt)
30 ml rohes Mandelmus
2 Knoblauchzehen
15 ml »Liquid Aminos«
von Bragg oder »Kelpamare« von A. Vogel
1 Prise Cayennepfeffer (vorsichtig dosieren!)
evtl. etwas Wasser
eine üppige Menge Liebe und Heiterkeit

Waschen Sie den Grünkohl gründlich, und zupfen Sie die Blätter von den Stielen. Zerpflücken Sie die Blätter in grobe Stücke, und schleudern Sie sie in einer Salatschleuder so trocken wie möglich.

Pürieren Sie alle Zutaten für die Marinade in einem Mixer zu einer glatten, cremigen Soße. Fügen Sie nur so viel Wasser hinzu, dass die Marinade nicht zu dickflüssig ist.

Die Marinade muss regelrecht in die Grünkohlblätter einmassiert werden. Je besser die Marinade einmassiert wurde, desto geschmackvoller sind die pikanten Grünkohlknusper. Die Blätter werden dabei richtig weich und sehen dann aus, als wären sie gedünstet worden.

Verteilen Sie den marinierten Grünkohl locker auf Teflex-Sheets (Antihaftmatten) oder Backpapier, und legen Sie sie auf die Trocknertabletts des Dörrgeräts. Trocknen Sie sie für 3–5 Stunden bei maximal 43°C.

Sobald die Chips knusprig sind, sind sie fertig. Meiner Erfahrung nach ist die Konsistenz nach ca. 4 Stunden perfekt.

Bewahren Sie die fertigen Grünkohlknusper in einer luftdichten Box kühl auf. Plastikbeutel sind nicht geeignet, weil die Chips darin schnell wieder weich werden. Sind sie weich geworden, können Sie sie noch einmal im Dörrgerät trocknen.

Lange halten die Grünkohlknusper sich allerdings ohnehin nicht ... dafür schmecken sie einfach zu köstlich!

Übrigens: Die Chips sind ein gedörrtes Rohkost-Produkt, das im Verdauungstrakt wieder zu quellen beginnt. Trinken Sie also auch reichlich. Eine Handvoll Grünkohlknusper entspricht einer wirklich großen Menge frischem Grünkohl.

Gefüllte lauwarme Pilze auf Rucola-Bett

Erforderliche Geräte: Multizerkleinerer;
Dörrgerät (optional)

Zutaten für 4–6 Personen
12–15 mittelgroße Champignons

Marinade
50 ml kalt gepresstes Olivenöl extra virgin
50 ml Tamari

Bärlauch- oder Basilikumpesto
150 g frischer Bärlauch (oder Basilikum)
100 g Zedernkerne
1 TL Meersalz
120 ml kalt gepresstes Olivenöl extra virgin
3 TL Melasse-Hefeflocken (optional)

Salatbett
120 g Rucola oder anderer Salat
kalt gepresstes Olivenöl extra virgin
weißer Aceto Balsamico
Meersalz
Pfeffer

eine großzügige Menge Liebe und Harmonie

Reinigen Sie die Pilze mit einem trocknen Tuch, und entfernen Sie die Stiele, indem Sie sie sanft herausdrehen.

Mischen Sie aus dem Olivenöl und dem Tamari eine Marinade, und wälzen Sie die Pilze so lange darin, bis diese rundum mit Marinade bedeckt sind.

Lassen Sie die marinierten Pilze ca. 1–3 Stunden gut durchziehen.

Währenddessen können Sie das Pesto herstellen: Pürieren Sie dafür den gewaschenen Bärlauch (oder das Basilikum) zusammen mit den anderen Zutaten im Multizerkleinerer zu einer körnigen Pestomasse.

Legen Sie die marinierten Pilze auf einer mit einer Antihaftmatte ausgelegten Schublade des Dörrgerätes aus. Befüllen Sie die Pilze reichlich mit dem Pesto.

Lassen Sie die gefüllten Pilze für 30–90 Minuten (je nach Wunsch) im Dörrgerät.

Verteilen Sie den gewaschenen Salat komplett auf einer Servierplatte, besprenkeln Sie ihn mit Olivenöl und Essig, streuen Sie Salz und Pfeffer drüber, und verteilen Sie anschließend die warmen Pilze auf dem so zubereiteten Salatbett.

Wer kein Dörrgerät besitzt, kann dieses Gericht auch sehr gut kalt servieren. Die marinierten Pilze sind so auch sehr köstlich.

Wenn man das Pesto aus Bärlauch verwendet, so sollte man nicht zu viele Pilze essen, weil Bärlauch ein stark entgiftendes Heilkraut ist und weil die Konzentration in einem Pesto durch die pürierte Form sehr hoch ist.

Sprossen – die pure Lebenskraft

Sprossen sind einfach etwas Wunderbares! Sie stecken voller Energie, sie sind die pure Lebenskraft. Man muss es sich nur vorstellen: Die gesamte Kraft, die eine große Pflanze wachsen lässt, ist in diesen zarten Babygewächsen enthalten, bereit, ihr volles Potenzial zu entfalten. In ihnen spiegelt sich einmal mehr, welches Mysterium doch das Leben selbst ist. Mich erfüllt es wieder und wieder mit Staunen und tiefer Dankbarkeit.

Diese Sprossen sind neben essbaren Blüten nicht nur eine wunderschöne Dekoration für das Essen und sehr aromatisch, sie versorgen uns zudem geradezu verschwenderisch mit Vitalstoffen: Auf kleinstem Raum sind Enzyme, Vitamine und Spurenelemente konzentriert. Die Enzyme im keimenden Korn sind hochaktiv und helfen, seine Inhaltsstoffe in leichter verdauliche Bausteine zu zerlegen. Sprossen kann man sehr einfach selbst ziehen oder im gut sortierten Bioladen, aber auch in vielen Frischeabteilungen von Lebensmittelgeschäften erwerben (auch dort immer häufiger in Bio-Qualität). Sprossen sind von den Jahreszeiten unabhängig.

Achten Sie stets darauf, dass die Sprossen wirklich frisch sind. Wer selbst Sprossen zieht, sollte peinlichst genau dafür sorgen, dass sie immer gut gespült und belüftet sind, damit sich kein Schimmel bilden kann.

Sushi

Erforderliche Geräte & Zubehör:
Standmixer oder Multizerkleinerer; Rollmatte für Sushi

Zutaten für 4 Personen

3–4 rohe Nori-Blätter
1–2 Pastinaken
3 EL Pinienkerne
1 große, lange Möhre
1 Gurke
2 reife Avocados (Sorte Hass)
4–6 EL Mayonnaise (optional)
ca. 100 g Rote-Bete-Sprossen
ca. 100 g Erbssprossen
ca. 100 g Zwiebelsprossen
Wasabi (auch »Wassermeerrettich« genannt)
Shoyu
eingelegter Ingwer
eine großzügige Portion Liebe und Achtsamkeit

Vorbereitung:

Waschen Sie die Pastinaken, die Möhre und die Gurke.

Spülen Sie die verschiedenen Sprossen kurz durch, und stellen Sie sie im Sieb beiseite.

Schälen Sie die Pastinaken, und zerteilen Sie sie in grobe Stücke. Häckseln Sie diese zusammen mit den Pinienkernen im Multizerkleinerer gerade so fein, dass ihre Größe anschließend etwa der von Reiskörnern entspricht (siehe Abbildungen rechts).

Schälen Sie die Möhre, und schneiden Sie sie der vollen Länge nach mit dem Messer in Stifte. Schneiden Sie die Gurke gleichermaßen in lange Stifte. Lösen Sie das Fleisch der Avocados aus der Schale, und schneiden sie es in Scheiben.

Legen Sie auf der Arbeitsfläche eine Rollmatte aus, und legen Sie auf diese ein Nori-Blatt. Belegen Sie das Nori-Blatt auf der vorderen Hälfte mit der gehackten Pastinakenmischung (siehe Abbildungen). Legen Sie über die ganze Länge des mittleren Teils der Pastinakenmischung die Avocadoscheiben aus.

Legen Sie dann die Möhren- und Gurkenstifte längs über die Avocadoscheiben. Wenn Sie möchten: Verteilen Sie etwas Mayonnaise über die Stifte. Schichten Sie nun die Rote-Bete-Sprossen über die Möhre-Gurke-Schicht.

Betupfen Sie das Ende des Nori-Blattes auf der leeren Hälfte mit dem Finger mit ganz wenig Wasser. Machen Sie das Blatt nicht zu nass, weil es rasch aufweicht.

Rollen Sie nun mithilfe der Matte von der Seite des belegten Endes her das gefüllte Nori-Blatt auf. Machen Sie dies mit beiden Händen gleichzeitig und üben Sie dabei ein wenig Druck auf die entstehende Rolle aus, damit diese, wenn sie geschlossen wird, straff gefüllt ist. Das Nori-Blatt haftet normalerweise gleich sehr gut am leicht feuchten Ende.

Schneiden Sie jetzt die straff gefüllte Rolle mit einem scharfen Messer in gleich große Stücke. Von der Optik her macht es sich sehr gut, wenn man schräge Schnitte macht (siehe S. 109).

Zum Dekorieren stecken Sie kurz geschnittene Erbssprossen in die Stücke. Richten Sie die Sushi-Stücke zum Beispiel in einem Bett von Zwiebel- und Rote-Bete-Sprossen an. Zu den Sushi reichen Sie Shoyu, Wasabi und eingelegten Ingwer. (Eingelegten Ingwer und Wasabi gibt es erfreulicherweise auch in Bio-Qualität.)

Tipp: Experimentieren Sie auch mit anderen Sprossen – sowohl bei der Füllung als auch bei der Dekoration. Brunnenkresse ist auch hervorragend als Zutat für Sushi geeignet. Sie sieht wunderhübsch aus, wenn man sie wie die Erbssprossen oben in die Scheiben hineinsteckt, und sie passt geschmacklich gut.

Sushi zu rollen ist reine Übungssache. Wenn es am Anfang nicht gleich perfekt wird, lachen Sie einfach, und machen Sie unbedingt weiter! Ihre Beharrlichkeit wird belohnt werden.

Geniale Paprika- und Tamari-Süßkartoffel-Chips

Erforderliche Geräte: Pürierstab oder Standmixer; Dörrgerät

Marinade für die Paprika-Chips (für 1–2 Süßkartoffeln)

60 ml kalt gepresstes Olivenöl extra virgin
2 EL rohes Mandelmus
150 ml Wasser
1 geh. TL Meersalz
1 geh. TL Rosenpaprikapulver (scharf)
1 geh. TL edelsüßes Paprikapulver
1 EL Dattelpaste
knapp ½ TL schwarzer Pfeffer aus der Mühle
eine großzügige Portion Liebe und Kraft

Marinade für Tamari-Chips (für 1–2 Süßkartoffeln)

120 ml Tamari
2 EL gekeimte Hanfsamen
60 ml Wasser
2 EL Sesamöl
1 TL Dattelmus
5–7 Prisen schwarzer Pfeffer aus der Mühle
eine großzügige Portion Liebe und Begeisterung

Schälen Sie die Süßkartoffeln, und hobeln Sie sie in hauchdünne Scheiben. Der Trick bei diesen Chips ist, dass man die Scheiben so dünn wie nur irgend möglich hobelt. Dadurch erreicht man, dass die Chips im fertigen Zustand äußerst aromatisch, total knusprig und sehr angenehm schmecken.

Für die jeweilige Marinade pürieren Sie jeweils alle Zutaten im Standmixer zu einer feinen Soße. Stellen Sie zwei Schälchen bereit. In eines davon füllen Sie die Marinade. Tauchen Sie die einzelnen Scheiben kurz darin ein, schütteln Sie sie anschließend leicht, und stapeln Sie sie im anderen Schälchen.

Wer wenig Zeit oder Geduld hat: Man kann auch alle Chips gleichzeitig in die Marinade tauchen, jedoch kann es dann passieren, dass nicht alle gleichmäßig bedeckt sind oder dass beim Mischen unter Umständen Scheiben reißen.

Die Süßkartoffelscheiben für 2–3 Stunden kalt stellen und ziehen lassen. Wenn die Zeit knapp ist, können Sie sie auch direkt in das Dörrgerät geben. Ich persönlich lasse die Scheiben gern ziehen. Verteilen Sie schließlich die einzelnen Scheiben auf die mit Antihaftmatten belegten Schubladen des Dörrgerätes. Die Scheiben können dicht an dicht gelegt werden, sollten sich aber nicht berühren.

Lassen Sie sie nun für ca. 6–8 Stunden trocknen (optimal ist über Nacht). Die Chips sind fertig, wenn sie schön trocken und knusprig sind. Bewahren Sie die Chips unbedingt in einem luftdichten Behälter auf, damit sie so knusprig bleiben. Sollten sie doch einmal weich werden, dann legen Sie sie einfach für eine Stunde in das Dörrgerät. Doch in aller Regel tritt dieses Problem nicht auf, weil sie ruck, zuck aufgegessen sind.

Avocado-Mango-Safran-Köstlichkeit

Zutaten für 4 Personen als Vorspeise oder Beilage

350 g Thai-Mango (reif, aber noch fest)
250 g Avocado (z. B. Fuerte; reif, aber noch fest)
2 EL Limetten- oder Zitronensaft
1 TL Vanille-Walnussöl
knapp ½ TL Vanillesalz (siehe S. 240)
schwarzer Pfeffer aus der Mühle
1 mittelscharfe Peperoni
ca. 1 TL Safranfäden
eine üppige Portion Liebe
und Kreativität

Schälen Sie die Mango und die Avocado, und entfernen Sie die Kerne. Schneiden Sie beide Früchte in Würfel, und vermengen Sie diese mit dem Limettensaft, dem Walnussöl, Vanillesalz und Pfeffer.

Waschen Sie die Peperoni, entfernen Sie ihre Kerne, und schneiden Sie sie in feine Ringe oder Streifen. Mischen Sie die Peperoni sowie den Safran unter die übrigen Zutaten.

Stellen Sie diesen Salat ca. 15 Minuten kühl, um ihn durchziehen zu lassen. Zum Servieren füllen Sie den Salat zum Beispiel in ein Cocktailglas oder in Salatblätter.

Tipp: Frischer Koriander passt hervorragend zu diesem Salat. Hacken Sie ihn grob, und mischen Sie ihn ebenfalls unter.

Kohlrabi-Carpaccio mit echter Trüffel

Zutaten für 4 Personen
4 kleine, möglichst junge Kohlrabi
Trüffel-Olivenöl
Pfeffer und Meersalz aus der Mühle
1 frische Trüffel oder eingelegte Trüffelscheiben
eine große Portion Liebe und freudiges Staunen

Für die Dekoration
essbare Blüten (z. B. vom Gundermann)
8 gelbe Kirschtomaten
16 grüne Mini-Spargel

Schälen Sie die Kohlrabi gründlich, und hobeln Sie sie dann in hauchfeine Scheiben. Legen Sie diese Scheiben leicht überlappend auf die einzelnen Teller, sodass jeweils die gesamte Tellerinnenfläche damit bedeckt ist.

Tragen Sie das Trüffelöl mit einem Pinsel gründlich auf die Kohlrabischeiben auf.

Salzen und pfeffern Sie diese.

Lassen Sie das Ganze für ca. 15 Minuten ziehen, und bereiten Sie währenddessen die anderen Zutaten vor.

Hobeln Sie die frische Trüffel mit einem Trüffelhobel hauchfein, und verteilen Sie die Trüffelspäne (bzw. die eingelegten Trüffelscheiben) auf den Kohlrabischeiben.

Verteilen Sie nun kleine Blüten auf dem Carpaccio.

Schneiden Sie die gelben Tomaten in Scheiben, und ordnen Sie sie auf dem Teller-rand an.

Kürzen Sie die grünen Spargel so, dass sie die Länge des Tellerdurchmessers haben. Halbieren Sie die Spargelköpfe längs, und legen Sie diese Hälften ebenfalls auf dem Tellerrand aus.

Dieses Gericht ist sehr erlesen und umwerfend aromatisch. Kohlrabi und Trüffelaroma passen wunderbar zusammen.

Dattel im »Besser als Speckmantel«

Erforderliche Geräte: Dörrgerät

Zutaten für 4 Personen

1 mittelgroße Aubergine
6–8 Medjool-Datteln

Für die Marinade

4 EL kalt gepresstes Olivenöl extra virgin
3 EL rohes Mandelmus
150 ml Wasser
1 TL Meersalz
2 TL scharfes, leicht geräuchertes Paprikapulver (gibt es im Handel)
1 knapper TL naturtrüber Apfelessig oder Zitronensaft
einige frische Kräuter zur Dekoration (z. B. Liebstöckel)
eine üppige Prise Liebe und Lebensfreude

Pürieren Sie alle Zutaten der Marinade gründlich im Mixer. Waschen Sie dann die Aubergine gründlich, und entfernen Sie das Stielende. Schneiden Sie von der Aubergine längs mit einem breiten Keramikschälmesser oder einem Hobel feine, möglichst lange Scheiben. Wenden Sie anschließend die einzelnen Auberginenscheiben in der Marinade. Sie sollen vollständig davon bedeckt sein. Legen Sie die marinierten Scheiben auf die Antihaftmatten der Schubladen des Dörrgerätes aus, und lassen Sie sie dort 5–6 Stunden lang trocknen. Spülen Sie die Datteln kurz unter fließendem Wasser ab, halbieren Sie sie längs, und entfernen Sie die Kerne. Holen Sie nach dem Trocknen die Schublade aus dem Dörrgerät, und legen Sie sich eine der Auberginenscheiben auf ein Holzbrett. Verteilen, zerdrücken und verschieben Sie auf der Auberginenscheibe zwei Dattelhälften derart, dass diese so weit wie möglich bedeckt ist. Legen Sie eine zweite Auberginenscheibe darauf, und drücken Sie sie fest. Rollen Sie das Ganze nun auf, und drücken Sie es erneut an, damit die Rolle geschlossen bleibt.

Verfahren Sie so mit allen Auberginenscheiben und Datteln. Legen Sie die Rollen für einige Stunden (4–6) in das Dörrgerät. Wenn die Oberfläche der Rollen leicht knusprig und trocken ist, dann sind die »Datteln im ›Besser als Speckmantel‹« perfekt. Holen Sie sie aus dem Trockner heraus, und schneiden Sie mit einem Messer schräge Häppchen aus den Rollen – oder belassen Sie sie je nach Größe sogar als ganze Röllchen.

Es sieht sehr appetitlich aus, wenn man Zahnstocher in die Häppchen oder Röllchen hineinsteckt und diese beispielsweise auf einem Holzbrett anrichtet und noch mit Kräutern verziert.

Macadamiakäse mit Pestofüllung

Erforderliche Geräte:
Standmixer, Multizerkleinerer oder Zauberstab

Zutaten für 4 Personen

150 g Macadamianüsse
ca. 40 ml Wasser
ca. 40 ml »Dinkula Aloe« oder Brottrunk
1 TL Probiotische-Kulturen-Pulver
(bzw. Inhalt von 3 Kapseln, z. B. »Udo's Choice«)

Würze für den Käse

ca. 1 TL Meersalz
1 EL Melasse-Nährhefeflocken
1 EL Zitronensaft
etwas weißer Pfeffer aus der Mühle
eine überschwappende Portion Liebe und Lebenslust

3–4 EL Dillpesto (siehe S. 242)
1–2 EL rote Pfefferkörner

Legen Sie ein Sieb mit einem Käsetuch aus, und geben Sie die Macadamiamasse hinein. Drehen Sie dann das Tuch oben zusammen, beschweren Sie es mit einem Gewicht, und lassen Sie den Teig für 14–16 Stunden an einem warmen Platz ruhen und reifen.

Vermengen Sie anschließend den gereiften Käse gut mit den Gewürzen.

Besonders ansprechend wirkt er, wenn man ihn in eine zylindrische Servierform drückt, aber auch zur Kugel geformt sieht er appetitlich aus.

Schneiden Sie mit einem dünnen scharfen Messer den Käse vorsichtig in Segmente, und füllen Sie das Dillpesto zwischen die Lagen. Garnieren Sie ihn mit dem roten Pfeffer.

In einem gut verschlossenen Behälter hält der Käse im Kühlschrank einige Tage.

Pürieren Sie die Nüsse mit dem Wasser, dem Dinkula bzw. dem Brottrunk sowie dem probiotischen Pulver zu einer glatten Creme.

Tipp: Füllen Sie den Käse auch einmal mit anderen Pestosorten, oder experimentieren Sie mit den Gewürzen für den Käse.

Hauptgerichte

Im folgenden Kapitel stelle ich Ihnen eine Reihe von Hauptgerichten vor, die zu meinen Lieblingsrezepten gehören.

Bei der rohen Vitalkosternährung, so muss ich allerdings anmerken, eignet sich nahezu alles als Vor- oder Hauptspeise – je nach der Menge, die serviert wird. Es ist eine sehr variable Küche.

Auch bei den Hauptgerichten finden Sie ein buntes Spektrum vor. Für einige Gerichte benötigen sie kaum Geräte. Für andere ist, wie auch schon bei den Vorspeisen, Vorbereitungszeit einzuplanen, oftmals am besten schon am Vortag. So verhält es sich mit allen Gerichten, die einen Boden haben, wie beispielsweise den Pizzas oder auch der Tarte.

Ich habe immer einen kleinen Vorrat an verschiedensten Böden in verschiedensten Größen und Formen: mal klein, mal groß, mal klassisch rund, mal quadratisch oder rechteckig.

Im letzten Kapitel, den »Grundrezepten«, finden Sie auch interessante Rezepte, die sich teilweise perfekt als Ergänzung zu einem der Hauptgerichte eignen: so beispielsweise pikante Salsa oder knusprige Gewürzzwiebeln, die man zu einem Gericht zum Drüberstreuen reichen kann.

Ich wünsche Ihnen viel, viel Spaß beim Ausprobieren der Rezepte. Sie werden sehr schnell feststellen, dass einem schier unendlich viele Ideen kommen, wie man Rezepte abwandeln und damit Neues ausprobieren kann.

Die Abbildung ist eine Variante der Vital-Frikadellen auf Seite 148.

Pizza Mexicana

Erforderliche Geräte:
Standmixer oder Mulitzerkleinerer; Dörrgerät

Zutaten für 4 Personen
4 Pizzaböden, rund oder quadratisch (siehe S. 246)

Für die Guacamole
3 reife Avocados
1 Knoblauchzehe
1 TL Meersalz
Saft einer halben Zitrone
1 Chili

Für den Belag
6 reife Tomaten
1 rote Zwiebel
1 Schlangengurke
1–2 Paprika »Ramiro« (eine spitze, süße Sorte)
1 Frühlingszwiebel
4 gelbe Kirschtomaten
4 rote Kirschtomaten
4 Zweige frischer Koriander
schwarzer Pfeffer & Meersalz aus der Mühle
eine feurige Prise Liebe und Sinnlichkeit

Für die Chilisoße
3–4 kleine Chilis
2 Tomaten
4 EL kalt gepresstes Olivenöl extra virgin
1 TL Meersalz

Pürieren Sie für die Guacamole alle Zutaten (Avocadofleisch, Knoblauch, entkernte Chili, Zitronensaft und Meersalz) zu einer Creme. Streichen Sie die Guacamole gleichmäßig auf die vier Pizzaböden. Behalten Sie 2 EL Guacamole für die Dekoration zurück.

Schichten Sie nun die Zutaten in folgender Reihenfolge auf die Böden:

Tomatenscheiben (pfeffern und salzen Sie diese dann), fein gehobelte rote Zwiebelscheiben, fein gehobelte Gurkenscheiben, fein gehobelte Ramiropaprikaringe, Frühlingszwiebelringe, geviertelte gelbe und rote Kirschtomaten.

Pfeffern und salzen Sie nun erneut. Dekorieren Sie jeden Teller mit einem Klecks Guacamole und einem Korianderzweig. Pürieren Sie für die Chilisoße alle Zutaten zu einer ganz feinen Soße. Reichen Sie diese zur Pizza.

Spaziergänge und das Blütensammeln

Auf meinen Spaziergängen habe ich mittlerweile fast immer eine Tüte oder Tasche dabei, um die reichlichen Schätze am Wegesrand einzusammeln. Rund ums Jahr gibt es in der Natur etwas zu finden.

Auf diese Weise bringe ich nahezu immer einen kleinen Vorrat an essbaren Blüten oder frischen Kräutern für den nächsten Smoothie oder Salat von meinen Spaziergängen mit.

Je nach Blütenart bewahre ich sie in kleinen Behältern mit Deckel im Kühlschrank oder einfach in einer kleinen Blumenvase auf. Die herzallerliebsten Gänseblümchen stehen dann zum Beispiel als Strauß in meiner Küche, und ich freue mich jedes Mal, wenn ich sie sehe. Wenn dann schnell eine schöne Dekoration gebraucht wird, sind sie sofort zur Hand.

Pizza Primavera

Zutaten für 4 Personen

4 runde oder quadratische Pizzaböden (siehe S. 246)
4 reife Avocados
8 reife Freilandtomaten
2 mittelgroße rote Zwiebeln oder 4 Schalotten
1 große Gurke
4 große Radieschen
4 EL vegane Mayonnaise (siehe S. 242)
200 g Alfalfasprossen
200 g Babymungbohnensprossen
Pfeffer aus der Mühle
Meersalz
kalt gepresstes Olivenöl extra virgin
essbare Blüten zur Dekoration (z.B. Gänseblümchen, Vergissmeinnicht, Apfelblüten, Gundermannblüten)
eine verschwenderische Portion Liebe

Stellen Sie den Pizzaboden am Vortag her, falls Sie keinen auf Vorrat haben. Belegen Sie den Boden nacheinander mit den Zutaten, wie es auf den Abbildungen gezeigt wird.

Verteilen Sie zuerst die Avocados in Scheiben auf dem Pizzaboden. Salzen Sie die Fläche etwas.

Verteilen Sie die Tomaten über die Avocadoschicht, träufeln Sie etwas Olivenöl darüber, und salzen und pfeffern Sie die Tomaten.

Verteilen Sie auf die Tomatenscheiben nun fein gehobelte Zwiebelringe.

Hobeln Sie auch die Gurke in hauchdünne Scheiben, und verteilen Sie sie wie Schuppen auf der Pizza. Legen Sie darüber die fein gehobelten Radieschenscheiben.

Verteilen Sie winzige Kleckse Mayonnaise über die Pizza, und bedecken Sie dann die ganze Fläche mit den Sprossen. Verzieren Sie die Pizza zum Schluss mit Frühlingsblüten.

Diese Pizza ist ein Freudenfest für die Sinne! Sie schmeckt saftig und frisch, ist leicht und schenkt viel Energie.

Pizza Funghi – Die Herzhafte

Erforderliche Geräte: Standmixer oder
Multizerkleinerer; Dörrgerät

Zutaten für 4 Personen

4 Pizzaböden (siehe S. 246)
2 mittelgroße rote Zwiebeln (in feine Ringe gehobelt)
8–12 Shiitake-Pilze
12 Champignons oder Seitlinge
150 g Enoki-Pilze

Zum Marinieren der Pilze

8 EL Tamari
4 EL kalt gepresstes Olivenöl extra virgin
1 EL Zitronensaft

Tomatensoße

80 g getrocknete Tomaten
(einige Stunden vorher einweichen)
12 Kirschtomaten
1 kleine Knoblauchzehe
ca. 150 ml vom Einweichwasser der Tomaten
1 EL kalt gepresstes Olivenöl extra virgin
½ TL Meersalz

einige Zweige Zitronenthymian oder Majoran
zum Bestreuen
eine große Portion Liebe und positive Energie

Legen Sie die Pizzaböden auf Serviertellern bereit. Mischen Sie die Zutaten für die Pilzmarinade gut, und legen Sie die in Scheiben geschnittenen Shiitake-Pilze und Champignons hinein, sodass diese komplett von der Marinade bedeckt sind. Lassen Sie die Pilze in der Schüssel durchziehen. Bevor Sie sie auf die Pizza legen, können Sie sie auch für 20–30 Minuten im Dörrgerät anwärmen. Dadurch wird ihr Aroma noch intensiver, und sie sind schön lauwarm auf der Pizza.

Während die Pilze durchziehen, können Sie die Tomatensoße zubereiten. Geben Sie alle Zutaten dafür in den Multizerkleinerer, und verarbeiten Sie sie zu einer glatten Soße. Sie muss dickflüssig sein, fast wie eine Paste, damit sie sich gut auf den Boden aufstreichen lässt.

Streichen Sie die fertige Tomatensoße kurz vor dem Servieren auf die Pizzaböden. Verteilen Sie die marinierten Pilze darauf, und streuen Sie locker die Zwiebelringe darüber. Legen Sie anschließend die aromatischen und wunderschönen Enoki-Pilze auf. Zum Schluss streuen Sie noch etwas Zitronenthymian darüber.

Die Pizza sollte direkt nach dem Zubereiten serviert werden, damit der Rohboden nicht zu stark aufweicht.

Curry-Kohlrabi-Ravioli
mit Gurken-Kaviar & Korianderdressing

Erforderliche Geräte:
Standmixer, Zauberstab oder Mulitzerkleinerer

Zutaten für 4 Personen

3–4 Kohlrabi (pro Person 8 große feine Scheiben)
Sesamöl zum Bepinseln

Für die Füllung

120 g Cashewkerne
(einige Stunden einweichen lassen)
3 TL Lemongras-Saft frisch gepresst*
(oder 1 TL Lemongras-Pulver)
120 g frische Ananas
1–2 TL aromatische, nicht zu scharfe Currymischung
2 TL Sesamöl
Meersalz und schwarzer Pfeffer aus der Mühle
1–2 TL Zitronensaft
½ Bund frischer Koriander
(waschen und gut trocken schütteln)
evtl. ein wenig Wasser (gerade genug zum Pürieren)
eine großzügige Portion Liebe und Toleranz

Für die Soße

½ Bund frischer Koriander
(waschen und gut trocken schütteln)
3 TL Lemongras-Saft (siehe oben)
40 ml Sesamöl
50 ml Wasser
Pfeffer und Meersalz

Für die abgebildete Dekoration

8 Kapuzinerkresseblüten,
12 Schnittlauchstängel,
jeweils 8 gelbe und rote Kirschtomaten,
1 Schlangengurke

Schälen Sie die Kohlrabi, und hobeln Sie sie in gleichmäßige, sehr dünne Scheiben.

Pürieren Sie für die Füllung alle Zutaten zu einer glatten Creme. Achten Sie dabei darauf, dass diese eine ausreichende Festigkeit besitzt. Schmecken Sie dann die Creme nach eigener Vorliebe mit Curry, Pfeffer und Salz ab. Bepinseln Sie für jede Ravioli zwei Kohlrabischeiben auf einer Seite leicht mit Sesamöl. Setzen Sie anschließend in die Mitte einer Kohlrabischeibe einen Klecks der Füllung.

Legen Sie darauf 1 Blütenblatt der Kapuzinerkresse, und bedecken Sie das Ganze mit der zweiten Kohlrabischeibe. Drücken Sie sie mit den Fingern rundherum sanft an, sodass eine schöne runde Ravioli entsteht.

Pürieren Sie für die Soße alle Zutaten schaumig.

Schneiden Sie die Gurke auf, und heben Sie rundherum aus dem Querschnitt mit einem Minikugelstecher »Gurken-Kaviar« aus. Schneiden Sie dann die Gurkenscheibe genau so ab, dass der Querschnitt wie eine Scheibe Lotoswurzel aussieht (siehe Abb. links). Reichen Sie den Gurken-Kaviar und die Soße in kleinen Schälchen zu jeder Portion Ravioli dazu. Dekorieren Sie die Teller ansprechend mit Tomatenscheiben und Gurken-Ornamentscheiben.

Fächern Sie die gefüllten Ravioli längs aneinander, und verzieren Sie sie jeweils mit drei Schnittlauchhalmen und einer Blüte.

*Lemongras lässt sich erstaunlich gut mit der Saftpresse entsaften. Mehr dazu auf S. 239.

Asia-Pasta nach Glasnudelart

Zutaten für 4 Personen

600–700 g Kelp-Spaghetti
(auch Kelp-Nudeln genannt)
Yuzu Ponzu (Würzsoße auf der Basis von Sojasoße mit
japanischer Yuzu-Zitrone)
4 kleine bis mittelgroße Möhren
1 Schlangengurke
100 g Schiitake-Pilze
2 feste, aber reife Birnen
2 EL Sesamöl (natur oder geröstet)
1–3 EL Perlgerste-Essig
weißer oder schwarzer Sesam
Chili
schwarzer Pfeffer frisch aus der Mühle
1 EL Rote-Bete-Saft
1–2 TL Meersalz
2 EL Reismiso
½ Bund frischer Koriander
einige Granatapfelkerne für die Dekoration
eine großzügige Portion Liebe und Freiheit

Waschen Sie die Kelp-Spaghetti sehr gründlich mit Wasser, und spülen Sie sie anschließend aus. Legen Sie die Spaghetti in Rote-Bete-Saft ein, damit diese eine wunderschöne Farbe erhalten (siehe Abb. rechts).

Währenddessen bereiten Sie die anderen Zutaten zu: Schneiden Sie von der Gurke (mit Schale) Julienne (das sind lange feine Streifen) mit dem Julienne-Schäler oder von Hand, ebenso von den Pilzen und den Möhren.

Schälen Sie die Birnen, und schneiden Sie sie in kleine Würfel.

Mixen Sie aus dem Öl, dem Essig, dem Miso, dem Rote-Bete-Saft, dem Sesam und den Gewürzen ein Dressing zusammen.

Vermengen Sie nun sachte, aber gründlich alle Zutaten, und richten Sie die »Glasnudeln« auf einer Platte oder auf einzelnen Tellern an. Garnieren Sie sie mit einigen Gurken-Julienne, dem Koriander und den Granatapfelkernen.

Obwohl bei reiner Rohkost weder geröstete Saaten oder Nüsse noch deren Öle verwendet werden, mache ich ab und zu eine Ausnahme. Bei diesem Gericht verwende ich etwas geröstetes Sesamöl und auch sanft angeröstete Sesamkerne.

Auch die Yuzu Ponzu ist meines Wissens kein Rohprodukt. Ihre Aromen geben diesem Gericht jedoch seine unwiderstehliche, charakteristische Geschmacksnote. Daher ist es aus meiner Sicht absolut in Ordnung, die Yuzu Ponzu zu verwenden.

Wer aber zu 100 % den Rohkostrichtlinien treu bleiben möchte, sollte Sojasoße in Rohkostqualität sowie ungeröstetes Sesamöl und ungeröstete Kerne verwenden. Auch dann schmeckt das Gericht noch hervorragend.

Pastinake – ein altes Wurzelgemüse neu entdeckt!

Seit ich mich mit Rohkost befasse, habe ich für mich die Pastinake neu entdeckt. Und ich habe dieses Gemüse lieben und schätzen gelernt.

Früher war die Pastinake für mich eines der vielen Gemüse, mit denen ich nicht wirklich viel anzufangen wusste. Im Bereich Rohkost ist sie eine absolute Bereicherung. Wenn ich Sushi zubereite, so ist sie der perfekte Ersatz für Reis.

Für mein Couscous-Rezept ersetzt sie das normale, aus Weizen hergestellte Couscous für mich perfekt. Ich finde das Rezept mit Pastinake sogar besser!

Als ich eines Tages Rohkostkekse zubereitete und die Keksmasse sehr feucht war, hobelte ich Pastinake in dünne Scheiben und hatte damit die perfekten »Backoblaten« für meine Kekse. Zu meiner allergrößten Freude durfte ich dabei entdecken, dass es köstlich schmeckte und einfach zur süßen Leckerei passte, weil Pastinake einen süßen Grundgeschmack hat.

Die Pastinake ist mit der Möhre verwandt und zählt zum Wurzelgemüse. Ihr Geschmack ist nussig, aromatisch und, wie schon gesagt, leicht süß. Sie gilt als allergenarm und wird deshalb häufig auch für Babys empfohlen.

Durch den hohen Anteil an komplexen Kohlehydraten, Ballaststoffen und auch Eiweiß wirkt sie sehr sättigend. Soweit mir bekannt ist, enthält sie reichlich Kalium und Kalzium, B-Vitamine, Vitamin E und noch viele andere Stoffe.

Pastinake-Kuppeln »Couscous«

Erforderliche Geräte: Multizerkleinerer oder Standmixer

Zutaten für 4 Personen

200 g Pastinake
60 g Zedernkerne oder Pinienkerne
2–3 EL kalt gepresstes Olivenöl extra virgin
2–3 EL Limetten- oder Zitronensaft
130 g Gurke ohne Schale
130 g schwarze getrocknete Kalamata-Oliven
60 g grüne Rosinen (einige Stunden lang
einweichen lassen; das Wasser aufbewahren)
6 Kirschtomaten
5 EL frischen, gehackten Dill
1–2 TL naturtrüber Apfelessig
1 TL Meersalz
schwarzer Pfeffer frisch aus der Mühle
1 Prise Chilipulver (nach Wunsch)
eine üppige Prise Wohlsein und Liebe

Zum Garnieren
ca. 12 Salatblätter (z.B. Batavia),
4 Kirschtomaten und etwas Dill

Schälen Sie die Pastinake, und häckseln Sie sie zusammen mit den Zedernkernen (oder den Pinienkernen) im Multizerkleinerer so lange, bis die Bestandteile die Größe und Struktur von Couscous (oder wie von krümeligem Reis) haben.

Vermischen Sie die Pastinake-Nuss-Mischung mit dem Olivenöl und dem Limettensaft gründlich, und lassen Sie das Gemisch gut eine Stunde lang durchziehen.

Schneiden Sie die geschälte Gurke in feine Würfel. Entkernen Sie die Kalamata-Oliven, und schneiden Sie sie ebenfalls klein.

Tipp: Nehmen Sie anstelle des Dills frische Minze. Verwenden Sie in diesem Fall nur 1–2 EL fein gehackte Minze, weil das Aroma von Pfefferminze erheblich intensiver als das von Dill ist.
Zu diesem Gericht schmeckt ein Glas Tee aus frisch aufgebrühter Marokkanischer Pfefferminze und ein paar getrockneten Rosenblüten sehr köstlich. Stecken Sie dafür die ganzen Minzzweige direkt kopfüber in die Teekanne, streuen Sie ein paar Rosenblüten dazu, und gießen Sie mit heißem Wasser auf. Wer seinen Tee so richtig marokkanisch süß mag, sollte unbedingt ausprobieren, wie köstlich dieser Tee mit Dattelpaste gesüßt schmeckt.

Schneiden Sie die eingeweichten Rosinen in feine Stücke. Bewahren Sie das Einweichwasser auf, um eventuell einen Teil davon für das Couscous zu verwenden.

Waschen Sie die Kirschtomaten, und achteln Sie sie.

Vermischen Sie nun alle vorbereiteten Zutaten inklusive dem Dill miteinander, und würzen Sie die Masse mit Apfelessig, Salz, Pfeffer sowie Chili. Schmecken Sie am Schluss noch einmal ab.

Sollte die Masse zu trocken sein, geben Sie ein wenig vom Einweichwasser der Rosinen hinzu. Achten Sie jedoch darauf, dass die Masse nicht zu feucht wird. Sie sollte eine leicht klebrige Konsistenz haben, damit sie genug »Halt« hat, wenn sie aus der Timbaleform gestürzt wird.

Breiten Sie auf den Portionstellern oder auf einer großen Platte die Salatblätter aus. Füllen Sie die Couscous-Masse in Timbaleförmchen (diese kurz zuvor kalt ausspülen!) ein, und drücken Sie sie gut fest. Stürzen Sie anschließend jedes Förmchen auf ein Salatblatt.

Dekorieren Sie diese Couscous-Kuppeln mit aufgeschnittenen Kirschtomaten und Dill.

Spaghettini aus Kürbis und Zucchini auf Salatbett mit Basilikum-Mandelsoße

Erforderliche Geräte: Standmixer,
Multizerkleinerer oder Zauberstab; Spiralschneider

Zutaten für 4 Personen

1 kleiner Hokkaido- oder Muskat-Kürbis (oder ein anderer Speisekürbis; und/oder alternativ eine Mischung aus Kürbis und Zucchini – auch sehr köstlich)
1–3 große Zucchini (gelbe und grüne gemischt ist am schönsten)

1 Kopf von einem zarten, knackigen Blattsalat für das Salatbett

essbare Blüten (z. B. Kapuzinerkresse)

Für die Soße

2 geh. EL rohes Mandelmus
100–200 ml Wasser
30 ml kalt gepresstes Olivenöl extra virgin
15 ml naturtrüber Apfelessig
1–2 Knoblauchzehen
1 Bund frisches Basilikum (ca. 50 g)
ca. 1 TL Dattelpaste oder Manukahonig
Meersalz & Pfeffer (nach eigenem Geschmack)
eine ordentliche Prise Liebe und Zuversicht

Schälen Sie den Kürbis, und schneiden Sie ihn in große Stücke. Waschen Sie die Zucchini, und zerteilen Sie sie ebenfalls in große Stücke (sofern Sie einen Spiralschneider verwenden, sonst in voller Länge belassen). Die Kürbis- und/oder Zucchinistücke mit dem Spiralschneider in feine Spaghettini schneiden. Wenn Sie keinen Spiralschneider besitzen, so können Sie ein Julienne-Schneidemesser benutzen (dann entstehen eher kürzere Nudeln).

Waschen Sie den Salat, zerzupfen Sie ihn in mundgerechte Stücke, und verteilen Sie diese auf die Teller. Dann die zarten Spaghettini auf das Salatbett häufen.

Mixen Sie alle Soßenzutaten im Mixer zu einer cremigen Soße. Nehmen Sie nur so viel Wasser dafür, dass die Soße eine schöne Konsistenz erhält. (In verdünnter Form ergibt diese Rohsphagettisoße übrigens ein geniales Salatdressing.)

Verteilen Sie die Soße über die Spaghettini, und verzieren Sie das Gericht mit essbaren Blüten, Sprossen oder einigen frischen Basilikumblättern.

Tipp: Wenn Sie weder einen Spiralschneider noch einen Julienneschneider besitzen, so können Sie auch mit einem normalen Sparschäler Tagliatelle schneiden. Schneiden Sie dafür das Zucchini- oder Kürbisfleisch in möglichst lange Streifen.

Pad Thai – wie ich es liebe

Pad Thai – wie ich es liebe

Erforderliche Geräte: Multizerkleinerer oder Standmixer

Zutaten

ca. 100 g Babymaiskolben
1 Möhre (ca. 120 g)
ca. 150 g Kürbis (z. B. Muskatkürbis)
1 rote Paprika (ca. 120 g)
ca. 120 g Rotkohl
1 Zucchini (ca. 120 g)
ca. 120 g Zuckerschoten
1 Frühlingszwiebel
80 g frische Shiitake-Pilze
1 Schalotte
ca. 150 g Mungbohnensprossen
1 kleine rote Chili
15 Blätter Thai-Basilikum
1 Bund Koriander
eine ordentliche Portion Liebe und Lachen

Marinade

2 EL Dattelpaste oder Ahornsirup
3 EL Limettensaft
2 EL Tamari (eine aus Soja hergestellte Soße)

Erdnuss-Soße

6 EL Erdnussmus
4 EL Tamarindenpaste
2 EL Dattelpaste
2–3 EL Limettensaft
4 EL naturtrüber Apfelessig
2 TL Tamari
ca. 10 g Ingwer
1–2 mittelgroße Knoblauchzehen

Waschen Sie alle Zutaten gründlich. Schneiden Sie die Babymaiskolben in feine Scheiben. Schälen Sie die Möhre, und schneiden Sie sie mit einem Julienneschneider in Streifen.

- Schälen Sie den Kürbis, und schneiden Sie ihn mit dem Spiralschneider zu Spaghetti.
- Vierteln Sie die rote Paprika längs, entkernen Sie sie, und schneiden Sie sie in sehr feine Streifen.
- Schneiden Sie die Zucchini mit dem Spiralschneider zu Spaghetti.
- Schneiden Sie die Zuckerschoten entweder schräg oder längs in feine Streifen.
- Schneiden Sie die Frühlingszwiebeln in feine schräge Ringe.
- Schneiden Sie die Shiitake-Pilze in Scheiben.
- Hobeln Sie die Schalotte hauchfein.
- Schneiden Sie die rote Chili in sehr feine Streifen.
- Schneiden Sie das Thai-Basilikum in Streifen.
- Zupfen Sie die Korianderzweige in grobe Stücke.

Mischen Sie sämtliche feste Zutaten in einer großen Schüssel gut durch. Ich mache das am liebsten mit den Händen.

Verrühren Sie für die Marinade den Limettensaft, das Tamari und die Dattelpaste gründlich. Mischen Sie diese dann unter die gesamten Zutaten.

Erdnuss-Soße: Während die Zutaten des Pad Thais etwas ziehen, können Sie die Erdnuss-Soße zubereiten. Pürieren Sie alle Zutaten im Mixer zu einer glatten, cremigen Soße. Schmecken Sie diese ab, und erhöhen Sie nach Belieben noch die ein oder andere Zutatenmenge. Servieren Sie das fertige Pad Thai zusammen mit der Erdnuss-Soße.

Das Pad Thai gehört definitiv zu einem meiner absoluten Lieblingsgerichte. Ich habe in englischsprachigen Rohkostbüchern schon die verschiedensten Versionen kennengelernt. Ich teile meine Begeisterung offensichtlich mit vielen anderen. Pad Thai lässt sich super vorbereiten und ist vor allem auch dann sehr gut geeignet, wenn man viele Gäste erwartet.

Tipp: Servieren Sie zu diesem Gericht gekühltes Wasser einer Thai-Kokosnuss. Schließen Sie beim Essen die Augen, und Sie werden sich wie in Thailand fühlen.

Spaghetti mit Pastinaken-Bolognese

Erforderliche Geräte: Standmixer, Multizerkleinerer oder Zauberstab

Zutaten für 4 Personen
600–700 g/2 Packungen Kelp-Spaghetti
oder
4 mittelgroße gelbe oder grüne Zucchini
(siehe Zucchini-Spaghetti S. 140)

Für das Pastinaken-Hack
(am besten einige Stunden vorher oder am Vortag
zubereiten, damit es gut durchzieht):
ca. 400 g/1 große Pastinake
ca. 60 ml »Bragg Liquid Aminos«
oder »Kelpamare« oder Tamari
½ Knoblauchzehe
4 Shiitake-Pilze (fein gehackt)
etwas Dattelpaste/Manukahonig (nach Geschmack)
1–2 EL Melasse-Nährhefe
etwas Pilz- oder Trüffelöl
etwas schwarzer Pfeffer aus der Mühle

Für die Tomatensoße
eine Handvoll getrocknete Tomaten
(einige Stunden vorher einweichen)
nach Bedarf Einweichwasser der Tomaten
500 g Kirschtomaten oder Buschtomaten
½ Knoblauchzehe
1–2 EL Dattelpaste oder Manukahonig
ca. 60 ml kalt gepresstes Olivenöl extra virgin
eine Handvoll frischer Thymian oder Oregano
½–1 TL Meersalz
weißer und schwarzer Pfeffer aus der Mühle
eine hingebungsvolle Portion Liebe und Fröhlichkeit

Waschen Sie die Kelp-Spaghetti sehr gründlich mit Wasser aus, spülen Sie sie, und stellen Sie sie beiseite. Wenn Sie keine Kelp-Spaghetti verwenden, waschen Sie die Zucchini, schneiden Sie mit dem Spiralschneider Spaghetti heraus, und stellen Sie diese in einem geschlossenen Gefäß beiseite.

Schälen Sie die Pastinake, und häckseln Sie sie im Multizerkleinerer so klein, dass die Masse schön grobkörnig ist. Vermischen Sie sie dann gut mit allen anderen Zutaten, schmecken Sie sie ab, und lassen Sie sie einige Stunden ziehen.

Pürieren Sie alle Zutaten für die Tomatensoße zu einer cremigen Soße. Geben Sie so viel von dem Einweichwasser der getrockneten Tomaten hinzu, dass die Soße eine schöne dickflüssige Konsistenz erhält.

Legen Sie von dem Pastinaken-Hack 4 EL beiseite. Vermischen Sie den Rest gründlich mit der Tomatensoße.

Vermengen Sie die nun fertige Bolognese entweder direkt mit den Kelp-Spaghetti und verteilen Sie sie in Portionen auf die Teller, oder geben Sie die Zucchini-Spaghetti auf die Teller, und gießen Sie die Bolognese darüber. Verstreuen Sie jeweils etwas Pastinaken-Hack über den mit der Soße angerichteten Teller.

Vital-Frikadellen auf Sprossenbett

Erforderliche Geräte: Standmixer oder Multizerkleinerer; Dörrgerät (optional)

Zutaten für 4 Personen

Frikadellenteig

120 g Walnüsse ohne Schale
(über Nacht einweichen lassen)
300 g Möhren
(die Sorte »Rodelika« z. B. ist sehr schmackhaft)
1–4 Frühlingszwiebeln
(je nach Größe und Geschmack)
80 g Genmai Miso, unfermentiert
1 TL Meersalz
etwas schwarzer Pfeffer aus der Mühle
etwas frische Petersilie (großblättrig) oder Koriander
etwas Wasser nach Bedarf
eine grenzenlose Portion Liebe und Gesundheit

Zum Anrichten und Dekorieren

200 g Alfalfasprossen
1 Ramiro-Paprika
einige kernlose weiße Trauben
einige Petersilien- oder Korianderblätter

Zerhäckseln Sie alle Zutaten für die Frikadellen zu einer gleichmäßigen, grobkörnigen Masse. Formen Sie dann aus dieser eine gerade Anzahl gleich großer Frikadellen.

Sie können die Frikadellen entweder im feuchten Zustand auf den Tellern anrichten (denn auch so schmecken sie köstlich) oder sie für mindestens 3 Stunden in das Dörrgerät auf die Antihaftmatte legen, sie anschließend wenden und für weitere 3–6 Stunden trocknen. Die Dauer des Trocknens können Sie nach Belieben variieren.

Legen Sie auf eine Servierplatte oder direkt auf die Teller ein Bett aus Alfalfasprossen.

Verteilen Sie darauf die Frikadellen, und garnieren Sie diese mit aufgeschnittenen Traubenhälften und in Ringe gehobelten Paprikastücken. Geben Sie über das Ganze ein paar Petersilien- oder Korianderblätter.

Wenn man die Frikadellen einige Stunden getrocknet hat und sie dann direkt aus dem Trockner serviert, so sind sie außen leicht knusprig und innen weich und saftig. Manchmal lasse ich die Frikadellen viele Stunden trocknen, sodass sie fast vollständig durchgetrocknet sind. Dann schmecken sie eher wie ein pikantes Gebäck.

In jeder Phase, ob ganz feucht, also ohne Trocknen, mittel oder sehr trocken, schmecken diese Frikadellen einfach herrlich.

Tipp: Pürieren Sie 2 Tomaten, 1 Ramiro-Paprika, 1 Chili und etwas Olivenöl. Schmecken Sie das Püree mit Pfeffer, Meersalz und etwas Dattelpaste ab. Dann haben Sie eine rassige Soße zu Ihren Frikadellen.

Tarte »Feuertanz«

Erforderliche Geräte:
Standmixer oder Multizerkleinerer; Dörrgerät

Zutaten für 4 Personen
4 kleine Tarte-Krusten
(Durchmesser ca. 10 cm, siehe Seite 253)

Für die Füllung
50 g getrocknete Tomaten (einweichen lassen)
30 g rote Zwiebel
1 mittelgroße Möhre
60 ml Einweichwasser der Tomaten
1 große gelbe Paprika
1 TL Meersalz
1 Chili (in der Schärfe, wie man es mag)
1 Bund Koriander
ca. 200 g Zucchini
eine übergroße Portion Liebe und Lust zum Feiern

Für die Dekoration
Sprossen nach Belieben
einige Salatblätter und essbare Blüten nach Wahl und
Möglichkeit (z. B. Kapuzinerkresse- oder Fuchsienblüten)

Schälen Sie die Möhre, und pürieren Sie sie im Standmixer feinkörnig.

Hacken Sie die rote Zwiebel grob, und geben Sie sie zur gehäckselten Möhre. Häckseln Sie kurz beides zusammen durch.

Zerschneiden Sie die eingeweichten Tomaten in grobe Stücke, und geben Sie diese zusammen mit der Paprika und der in Ringe geschnittenen Chili ebenfalls zur Möhren-Zwiebel-Masse. Zerkleinern Sie nun alles derart, dass eine grobkörnige Masse entsteht.

Hacken Sie den Koriander, und geben Sie ihn mit dem TL Salz zur Masse. Häckseln Sie diese noch einmal kurz durch.

Waschen Sie nun die Zucchini, und schneiden Sie mit dem Spiralschneider feine Spaghetti (also Spaghettini) davon ab oder raspeln Sie sie mit einer Handreibe in Streifen.

Vermengen Sie die Zucchini-Spaghettini oder -Streifen gründlich mit der Füllmasse, und schmecken Sie das Ganze ab.

Falls die Füllung zu feucht ist, können Sie sie für 20 Minuten in ein Abtropfsieb geben, damit etwas Flüssigkeit ablaufen kann.

Türmen Sie die nun fertige Füllmasse leicht auf, und füllen Sie sie in die Tarte-Krusten.

Die Tarte können Sie beliebig kurz oder lang im Trockner lassen. Je kürzer, desto saftiger, je länger, desto trockener und etwas intensiver im Aroma.

Bereiten Sie die Teller vor, indem Sie ein schönes Bett aus Salat und/oder Sprossen anfertigen. Sie können darauf auch, falls vorhanden, Blüten legen.

Köstlich schmecken die Tartes, wenn man sie lauwarm direkt aus dem Trockner auf die Teller legt und sofort serviert.

Hinweis: Je nach Chili-Art können diese Tartelettes recht feurig sein.

Gefüllte Tomaten »Glücklicher Thunfisch«
... der Thunfisch schwimmt weiterhin glücklich im Meer

Erforderliche Geräte:
Standmixer, Zauberstab oder Multizerkleinerer

Zutaten für 4 Personen
8 mittelgroße Tomaten oder ca. 30 Kirschtomaten

Für die Füllmasse
150–200 g Alfalfasprossen (Luzernensprossen)
40 g Sonnenblumenkernsprossen
30 g Linsensprossen
30 g Mungbohnensprossen
3 EL rohes Mandelmus
1 EL »Meeressalat« (eine Bio-Algenmischung)
1 EL »Bragg Liquid Aminos«* oder »Kelpamare«
100–150 g Apfel (entkernt)
1 TL naturtrüber Apfelessig
1 mittelgroße rote Zwiebel (grob zerkleinert)
2 Stiele Bleichsellerie (grob zerkleinert)
1–2 TL Meersalz (Fleur de Sel)
etwas weißer Pfeffer aus der Mühle
eine großherzige Portion Liebe und Feingefühl

Schneiden Sie den »Deckel« der Tomaten auf der Strunkseite ab, und lösen Sie mit einem Teelöffel das Innere aus den Tomaten heraus. Salzen Sie die ausgehöhlten Tomaten von innen, und legen Sie sie kopfüber auf einen Teller, sodass die Flüssigkeit ablaufen kann.

Pürieren Sie die Sonnenblumenkernsprossen, das Mandelmus, das »Liquid Aminos«, den Meeressalat, die Mungbohnensprossen, den Apfel, den Apfelessig und die Linsensprossen fein. Fügen Sie zu dieser Masse die Zwiebel und die Selleriestiele grob zerkleinert hinzu, und häckseln Sie alles pulsierend, sodass noch kleine Stückchen ganz bleiben und die Masse nicht zu fein wird.

Mischen Sie die fertige Masse mit den Alfalfasprossen gut durch. Falls sie zu flüssig sein sollte, können Sie nach Belieben mehr Alfalfa zugeben. Schmecken Sie die Masse mit Salz und Pfeffer ab, und füllen Sie sie vorsichtig in die ausgehöhlten Tomaten. Setzen Sie die fertigen, gefüllten Tomaten auf ein Sprossen- oder Salatnest.

Dieses Gericht habe ich, in ähnlicher Form, bei Alissa Cohen kennengelernt und schon sehr oft zubereitet, wenn wir Gäste hatten. Es lässt sich wunderbar vorbereiten, schmeckt köstlich und sättigt gut. Vor allem im Sommer ist es ein erfrischendes und energievolles Gericht.

Man kann mit der Paste sowohl große Tomaten füllen als auch die schmackhafteren kleinen Kirschtomaten. In geringer Menge als kleine Vorspeise ist es originell und ein kleines Highlight. Außerdem sind die Tomaten ein super Tipp für die Fingerfood-Party!

*»Bragg Liquid Aminos« ist eine äußerst schmackhafte Sojawürzsoße, die nicht pasteurisiert ist. In Deutschland ist sie nur bei wenigen Anbietern erhältlich. Nähere Informationen zu Bezugsquellen finden Sie auf www.taste-of-love.de.

Kohlrabi-Ravioli
mit Erdnuss-Trüffelöl-Cremefüllung

Zutaten für 4 Personen

3–4 Kohlrabi (pro Person 8 große feine Scheiben)
Trüffel-Olivenöl zum Einstreichen

Für die Füllung

120 g rohe Erdnüsse (über Nacht einweichen)
30 ml Tamari in Rohkostqualität
25 ml Wasser
3–4 EL Trüffel-Olivenöl
1 TL Melasse-Nährhefeflocken
Meersalz (nach Bedarf)
schwarzer Pfeffer aus der Mühle
16 einzelne schöne Korianderblättchen

Für die Soße

65 ml Zitronen-Olivenöl
1 Bund frischer Koriander
etwas Meersalz
30 ml Wasser
1 TL Yakonsirup oder Dattelpaste
eine großzügige Menge Liebe und Güte

Für die Dekoration

einige Sprossen sowie essbare Blüten,
z. B. Kapuzinerkresse

Schälen Sie die Kohlrabi, und hobeln Sie sie in gleichmäßige, sehr dünne Scheiben. Es ist wichtig, dass die Scheiben sehr fein sind, damit sich die Ravioli gut zudrücken lassen, nachdem sie gefüllt wurden.

Pürieren Sie alle Zutaten für die Füllung zu einer glatten Creme. Achten Sie darauf, dass diese nicht zu dünn wird und genügend Festigkeit hat.

Streichen Sie für jede Ravioli zwei Kohlrabischeiben auf einer Seite mit dem Trüffelöl ein. Setzen Sie in die Mitte einer der beiden Kohlrabischeiben einen Klecks der Füllung, und legen Sie ein Korianderblättchen darauf. Bedecken Sie sie dann mit der zweiten Kohlrabischeibe. Drücken Sie die Scheibe rundum mit den Fingern sanft an, sodass eine schöne runde Ravioli entsteht.

Waschen Sie für die Soße den frischen Koriander gründlich, schütteln Sie ihn trocken, und pürieren Sie ihn komplett mit allen restlichen Zutaten zu einer schaumigen Soße.

Ordnen Sie vier Ravioli pro Person auf einem Teller an, und dekorieren Sie sie mit Blüten und einigen Sprossen. Reichen Sie die Soße separat in einem Schälchen dazu.

Lassen Sie sich überraschen – dieses Gericht ist ungewöhnlich und äußerst schmackhaft!

Kohl-Wraps – knackig, genial, kultig!

Zutaten für 4 Personen

4 große Spitzkohl- oder Weißkohlblätter
2 perfekt reife Avocados
1 große gelbe Paprika
8 Kirschtomaten
½ Gurke
1 Bund Dill
4 EL Mayonnaise (siehe S. 242)
Meersalz aus der Mühle
schwarzer Pfeffer aus der Mühle
etwas Zitronensaft
eine großzügige Portion Liebe und positive Energie

So manch einer wird vielleicht denken: »Was kann an so einem gefüllten Kohlblatt schon so besonders sein?« Lassen Sie sich überraschen, Sie werden ein gigantisches Aha-Erlebnis haben. Ich bin gespannt und würde mich sehr über Ihr Feedback freuen.

Diese Wraps schmecken einzigartig genial und sind herrlich knackig. Seit ich diese Art von Wraps kenne, kann ich mir kaum noch vorstellen, wie man freiwillig andere essen könnte.

Essbare Blüten für die Dekoration

Sehr gut passen die Blüten der Kapuzinerkresse, weil sie den Geschmack von Radieschen haben. Aber auch das liebliche Gänseblümchen macht sich zu den Kohl-Wraps sehr schön.

Tipp: Legen Sie sich eine Serviette bereit, und essen Sie den Wrap mit beiden Händen. So können Sie die Blätter schön zusammenhalten und herzhaft reinbeißen. Ich liebe es, das Essen auch mit den Händen fühlen zu können.

Vorbereitung der Zutaten für die Füllung:
- Waschen Sie alle Zutaten gründlich.
- Schneiden Sie die Paprika in feine längliche Streifen.
- Vierteln Sie die Kirschtomaten.
- Schneiden Sie die Gurke in lange dünne Streifen.
- Hacken Sie den Dill grob.

Lösen Sie die Avocados aus ihrer Schale, entfernen Sie die Kerne, und schneiden Sie das Fruchtfleisch ebenfalls in längliche Scheiben. Lassen Sie die Kohlblätter nach dem Waschen gut abtropfen, und befüllen Sie sie dann nacheinander mit den vorbereiteten Zutaten:

Legen Sie die Avocadoscheiben hinein, und beträufeln Sie diese mit etwas Zitronensaft. Streuen Sie dann noch Salz und Pfeffer darüber.

Befüllen Sie die Blätter nun nacheinander mit den Paprikastreifen, den Tomatenvierteln, den Gurkenstreifen, dem Dill und etwas Mayonnaise, und streuen Sie erneut etwas Pfeffer und Salz darüber.

Anschließend rollen Sie die Kohlblätter sorgfältig auf. Durch die Rundung der Blätter bleiben die Rollen meistens erstaunlich gut geschlossen. Sollte das nicht der Fall sein, so können Sie die Rollen auch mit ein oder zwei Zahnstochern fixieren.

Was auch gut funktioniert: Die Rollen mit den überlappenden Stellen nach unten auf den Teller legen.

Desserts

... kunst- und fantasievoll dekorieren –
etwas, was in meiner Welt bedeutsam ist

Auf den nachfolgenden Seiten nehme ich das Thema Desserts zum Anlass, um Ihnen eine Vielzahl von kreativen Dekorationsideen vorzustellen. Viele davon sind denkbar einfach, manches braucht etwas Hingabe und Geduld.

Etliche meiner Vorschläge lassen sich selbstverständlich genauso gut auf die pikanten Rezepte anwenden. Sie werden das eine oder andere »Motiv« in den Rezepten umgesetzt wiedererkennen.

Mit essbaren Blüten, frisch oder getrocknet, mit zu schönen Formen geschnittenen oder gestochenen Fruchtledern oder auch einfach mit gezielt ausgewähltem ganzem Obst lassen sich traumhafte Kreationen zaubern. Und durch Trocknen lassen sich aus Obstscheiben mit wenig Aufwand kleine Kunstwerke kreieren.

Mit einem köstlichen und obendrein liebevoll dekorierten Gericht kann man oft mehr sagen als mit Tausend Worten. Und der Schaffensprozess selbst bereitet einem schon enorm viel Freude.

Für mich zählt das Dekorieren zu den kleinen Auszeiten für die Seele.

Desserts kunstvoll dekorieren

Es ist mir ein Vergnügen, Ihnen ein paar Tipps und Ideen dahingehend zu geben, wie Sie mit ein wenig Geduld und vertretbarem Aufwand große Wirkung erzielen können.

Alle Zutaten, die wir in unseren Küchen verwenden, sind sehr kostbar und ein echtes Geschenk der Natur. Für mich ist eine schöne Dekoration nicht nur ein Ausdruck meiner Freude und Kreativität, sondern sie drückt ebenso meine Wertschätzung gegenüber all diesen Gaben aus. Darüber hinaus ist die Dekoration ein gutes Mittel, meine Wertschätzung und Liebe meinen Gästen gegenüber auszudrücken. Nicht nur die Harmonie und Schönheit des Gerichts erwecken die Freude im Betrachter. Es ist auch die Zeit, die ich mir dafür nehme, die meinen Gästen zeigt, dass sie es mir wert sind.

Und all das trifft selbstverständlich auch auf mich selbst zu. Auch wenn ich einmal eine Speise nur für mich allein zubereite, nehme ich mir stets die Zeit für ein schönes Anrichten und drücke damit mir selbst gegenüber Wertschätzung aus. Ich kann mich dann wie ein Kind über meine eigenen Kreationen freuen.

Verwandeln Sie Zutaten, indem Sie sie zu etwas Außergewöhnlichem machen, ihnen eine andere Form geben. Eine meiner beliebtesten Dekorationstechniken ist es, aus Obst und Gemüse mithilfe von Ausstechformen, wie man sie vom Plätzchenbacken her kennt, schöne Formen auszustechen. Ich habe mittlerweile eine beachtliche Sammlung davon und freue mich über jede Neuentdeckung. Heutzutage gibt es mehr verschiedene Ausstechformen denn je.

Ich denke, dass man insbesondere Kinder damit sehr begeistern und so für vitale Nahrung öffnen kann. Kinder lieben Fantasievolles und Verspieltes.

Kugelstecher, Eisportionierer, Timbaleförmchen, Dessertringe

Ich wusste früher gar nicht, wie viele unterschiedliche Größen es an sogenannten Kugelausstechern gibt. Mein kleinster ist so klein, dass ich damit Kügelchen aus Obst oder Gemüse stechen kann, die schon ein wenig an Kaviar erinnern.

Mit dem Eisportionierer kann man sowohl bei Desserts als auch generell aus Teigen gleichmäßige Kugeln ausheben. So kann ich sehr schöne harmonische Roh-Makronen herstellen, die ich anschließend im Dörrautomaten trockne. Im fertigen Zustand haben diese dann eine ansprechende und harmonische Form. Sie sehen, wie man so schön sagt, richtig professionell aus.

Zudem können Sie mit dem Eisportionierer schneller, einfacher und bequemer arbeiten als mit einem Löffel. Auch viele Desserts, die ich nicht trockne, portioniere und präsentiere ich mithilfe meiner Eisportionierlöffel. Ich habe einen kleinen und einen großen. Beispielsweise lassen sich aus Avocado-Schokoladen-Mousse mit dem Portionierlöffel die perfekten Trüffelkugeln stechen und formen.

Timbaleförmchen sowie Dessertringe und -formen lassen Speisen in einem völlig neuen Licht erstrahlen. So manch eine Speise wirkt spektakulär, obwohl ihre Umsetzung denkbar einfach ist. Heutzutage kann man diese praktischen Formen zu einem vernünftigen Preis erwerben.

Die simpelste und preiswerteste Möglichkeit, sich eine zylindrische Dessertform selbst herzustellen, ist, eine Dose an beiden Enden zu öffnen. Verwenden Sie dazu einen neueren Dosenöffner, mit dessen Hilfe Sie die Dose so aufschneiden können, dass die Enden glatt sind und Sie sich nicht verletzen können. Falls Sie keinen solchen Dosenöffner besitzen, rate ich allerdings wegen der Verletzungsgefahr beim Reindrücken der Speise in den Ring davon ab. Wie gesagt, genau dafür hergestellte Ringe sind mittlerweile modern und deshalb preiswert.

Essbare Blüten

Je nach Jahreszeit findet man in der Natur essbare Blüten in Hülle und Fülle, die auch stets eine schöne und preiswerte Dekoration sind. Viele Pflanzen und Kräuter mit essbaren Blüten kann man zu Hause im Topf ziehen. Ich selbst besitze viele Töpfe mit den unterschiedlichsten Pflanzen und Kräutern, deren essbare Blüten einfach jede Speise veredeln.

Neben einer großen Vielfalt an frischen essbaren Blüten, die man mittlerweile sogar im gut sortieren Einzelhandel oder über das Internet kaufen kann, gibt es auch eine Vielzahl getrockneter essbarer Blüten – viele mittlerweile auch in Bio-Qualität. Auch diese sind sehr reizvoll und zudem rund um das Jahr verfügbar. Bei Blüten, seien es frische oder getrocknete, rate ich dringend dazu, nur solche aus kontrolliert biologischem Anbau oder aus Wildsammlung zu verwenden. Doch selbst bei Blüten aus Wildsammlung sollten Sie sicherstellen, dass sie aus einem naturbelassenen Gebiet stammen, in dem garantiert keine Pestizide versprüht werden.

Auf der Abbildung auf S. 162 sehen Sie eine schöne Kombination von einem aus einer Pitahaya-Frucht ausgestochenem Buddha, der in einem See aus Erdbeersoße sitzt, umrahmt von getrockneten Kornblumen-, Ringelblumen- und Rosenblüten.
In der freien Natur gibt es zahlreiche Blüten, die essbar sind. Bei einem Spaziergang kann man sich also immer mit einer kleinen Auswahl davon eindecken. Achten Sie dabei darauf, dass es Blüten sind, die abseits von Hunde-Gassi-Strecken und Autoverkehr blühen.

Auch in Blumentöpfen lassen sich zahlreiche Blühpflanzen leicht ziehen, sodass man dann die Blüten die ganze warme Jahreszeit über, oftmals bis spät in den Herbst, verfügbar hat. Meine Fruchtminze-Pflanzen und Fruchtsalbei-Sorten haben mich bis in den Dezember hinein mit Blüten beglückt.

Wenn ich einmal viele Blüten finde oder in meinem Garten habe, so trockne ich davon auch welche im Dörrgerät. Auf diese Weise habe ich rund um das Jahr farbenfrohes Dekorationsmaterial zur Hand. Heutzutage kann man über das Internet viele gute Quellen für Pflänzchen oder Samen finden. Einige davon finden Sie bei den von mir angegebenen Bezugsquellen.

Wenngleich es zahlreiche essbare Blüten gibt, so vergewissern Sie sich doch im Zweifelsfall lieber, ob eine Blüte wirklich essbar ist. Zu den essbaren zählen unter anderem die Blüten folgender Pflanzen und Kräuter: Gänseblümchen, Kapuzinerkresse, Tagetes, Borretsch, Fruchtsalbei verschiedenster Art, Taglilien, Hornveilchen, Veilchen, Tulpe, Rose, Lavendel, Kornblume, Ringelblume, Begonie, Dahlie, Johanniskraut, Löwenzahn, Rotklee, Schnittlauch, Tausendschönchen, Glockenblume, Staudenphlox und Fuchsie.

Ausstechformen für kunstvolle Dekorationen

Zum Ausstechen von schönen Formen wie Blüten, Herzen oder Tieren (meine neueste Errungenschaft sind zwei Buddha-Ausstechformen) muss man einfach das Gemüse oder Obst, das man verwenden möchte, in dünne Scheiben schneiden und dann aus den Scheiben, so wie es einem beliebt, die Formen ausstechen.

Aus den »Abfällen« lässt sich leicht ein leckerer Smoothie oder auch, wenn es sich um Gemüse handelt, der nächste Rohkost-Cracker zubereiten. Wenn man diese »Reste« gut verschlossen im Kühlschrank aufbewahrt, kann man sie gut noch am nächsten Tag weiterverarbeiten.

Fruchtleder eignen sich auch wunderbar zum Ausstechen von unterschiedlichsten Motiven. Zudem kann man sie leicht mit einer Schere in Form schneiden. Diese Motive aus Fruchtleder kann man auf Vorrat herstellen, weil sie gut haltbar sind. Aufbewahren sollte man sie kühl und luftdicht verschlossen.

Wenn man (wie bei der Abbildung rechts) solch ein Motiv auf das Blatt einer Fruchtminze legt, ist es ein echtes kleines Kunstwerk.

Schönheit ist überall, wenn man die Augen und das Herz öffnet.

So vieles ist bereits vorhanden, wenn wir nur genau hinschauen. Der Querschnitt (also die Scheibe) einer Sternfrucht ist ein vollkommener Stern. Eine dünne Ananas-Scheibe ist schon für sich eine Sonne, die eine perfekte Unterlage für ein Dessert bildet.

Die Pitahaya-Frucht ist ein Meisterwerk der Natur, innen wie außen. Aus ihrem festen Fruchtfleisch lassen sich verschiedenste Formen herstellen, doch auch schon eine Scheibe allein, an der sich noch die Schale befindet, ist wie von Künstlerhand gemalt. Die ausgehöhlte Schale der Pitahaya ist eine wunderschöne Dessertschale, die am Ende nicht gespült werden muss, sondern direkt in den Kompost kann. Das Gleiche gilt für die Schalen junger Thai-Kokosnüsse. Nachdem man den Saft und das Fruchtfleisch der Kokosnüsse entnommen hat, hält man schon fast fertige, wunderschöne Dessertschalen in den Händen. Ich wasche die Schalen dann aus, trockne sie im Dörrgerät, bis sie vollkommen trocken sind, und bewahre sie auf – und habe somit exotische und kompostierbare Dessertschalen für das nächste Sommerfest.

Die Kerne des Granatapfels sehen aus wie kleine Edelsteine.
Auch das Fruchtfleisch der Passionsfrucht gleicht Juwelen.

Getrocknete Früchte

Es ist eine praktische Sache, einen kleinen Vorrat an verschiedenen getrockneten Früchten im Hause zu haben. Dann kann man immer ganz spontan auf dekoratives Essbares zurückgreifen. Zudem sind getrocknete Früchte echte Kunstwerke. Auch zum Verschenken sind sie, in Zellophanfolie verpackt, wunderschön und originell – sowie obendrein gesund und köstlich.

So kann man beispielsweise Ananas in dünne Scheiben schneiden und in deren Mitte eine Scheibe Kiwi legen. Wenn diese Kombination getrocknet ist, sieht sie wie eine leuchtende Blume aus.

Oder aber man gibt ein paar Tropfen frischen Saft vom Granatapfel in die Mitte der Ananasscheibe, sodass sie dann leicht in den Adern der Ananas verlaufen. Getrocknet erinnert diese Ananasscheibe dann an einen Sonnenuntergang. Wenn Sie sie aufrecht auf eine Creme stecken, sieht das schlicht bezaubernd aus.

Aus hauchfein gehobelten Ananasscheiben, die leicht überlappend getrocknet wurden, lässt sich ein regelrechter Ananas-Vorhang herstellen. Daraus kann man dann beispielsweise Zuschnitte für Kuchendekorationen machen oder man kann sie in ein Schokoleder einrollen. Ein Ananas-Vorhang (sowie Trockenfrüchte generell) gegen das Licht gehalten ist wunderschön anzusehen.

Auch eine Blutorange in Scheiben geschnitten sieht in getrocknetem Zustand traumhaft schön aus.

Das Fantastische an all diesen Dekorationen ist, dass sie nicht mit künstlichen Aromen, Farbstoffen oder Unmengen an Zucker belastet sind. Sie sind Natur pur und können voller Vergnügen gegessen werden.

Farbige Pulver, eingefärbte Kokosflocken, Kakaostaub, Goldstaub und vieles mehr

Viele von Ihnen, liebe Leserinnen und Leser, wissen bereits, dass man mithilfe eines einfachen Teesiebes auf einem Dessert-Teller eine schöne pudrige Grundlage zaubern kann. Soll es eine schneegleiche Grundlage sein, so kratzt man mit einem Teelöffel einfach Kokospulver durch das Teesieb; soll es eine dunkelbraune Grundlage sein, macht man das Gleiche mit rohem Kakao oder Carob.

Kokospulver anstelle des bekannten Puderzuckers war für mich die Entdeckung schlechthin. Der Geschmack ist zart und unaufdringlich und passt zu nahezu jedem Dessert.

Ebenso schön eignen sich Kokosflocken als Grundlage für einen Dessertteller – oder um darin eine Rohtrüffelpraline zu wälzen.

Für etwas Abwechslung sorgen Sie, wenn Sie dabei rosa oder hellrote Kokosflocken verwenden. Dafür lassen Sie einfach einige Löffel Kokosflocken sich für ca. 10 Minuten mit Rote-Bete-Saft vollsaugen. Dörren Sie dann diese eingefärbten Flocken einfach im Dörrautomaten – so lange, bis sie wieder vollkommen trocken sind.

Sie können auch Kokosflocken in einem Gemisch aus Limettensaft und Kurkuma einweichen und anschließend wieder trocknen. So erhalten Sie schöne hellgelbe Flocken. Je mehr ich mit diesen Dingen experimentiere, umso mehr Ideen kommen mir.

Obwohl Zucker in meiner Küche sehr, sehr rar ist, verwende ich manchmal Palmblütenzucker, der wegen seines niedrigen glykämischen Indexes geschätzt wird. Wenn ich diesen mit getrockneten Rosen aus unserem Garten im kleinen Mixer zu feinem Staub püriere, so erhalte ich köstliches »Rosenzuckerpulver« in verschiedenen Rosanuancen. Dieses eignet sich hervorragend für dekorative Staub-Dekoration oder um eine Trüffelpraline darin zu wälzen. Wenn ich Lavendelblüten anstelle der Rosenblüten verwende, erhalte ich »Lavendelzuckerstaub«.

Zu besonderen Anlässen verwende ich auch gern einmal essbaren Gold- oder Silberstaub. Diesen bekommt man einfach über das Internet oder auch über den Künstlerbedarf. Es wirkt sehr erlesen, wenn Sie Gold- oder Silberstaub über ein Dessert streuen oder in ein klares Getränk geben.

Cashew-Kakao-Trüffeln

Erforderliche Geräte: Standmixer

Ergibt 24–26 Trüffelkugeln

250 g Cashewkerne
(ca. 8 Stunden in Wasser einweichen lassen)
6–8 EL Dattel-Vanille-Paste (siehe S. 238)
Wasser
1–2 EL Zitronensaft
8 EL rohes Kakaopulver
1 Prise Meersalz
150 g rohe Kakaobutter

Zum Wälzen der Kugeln

8 EL Palmblütenzucker
2 EL getrockneter Lavendel
4 EL getrocknete Rosenblütenblätter
4 EL rohe Kokosraspeln
4 EL geriebene Rohschokolade (z.B. von lifefood)
4 EL weiße Mohnsamen
eine großzügige Portion Liebe und Optimismus

Pürieren Sie im Standmixer die eingeweichten Cashewkerne mit der Dattel-Vanille-Paste, dem Zitronensaft, der Prise Salz und dem Kakaopulver – zusammen mit so viel Wasser, dass eine cremige, jedoch nicht zu flüssige Masse entsteht.

Schmelzen Sie die Kakaobutter in einem warmen Wasserbad oder im Dörrgerät bei 43°C, bis sie komplett flüssig ist.

Mischen Sie die flüssige Kakaobutter gründlich unter die Cashew-Kakao-Creme. Stellen Sie anschließend die Masse für einige Stunden (oder über Nacht) kalt, bis sie schön fest geworden ist.

Formen Sie dann mit angefeuchteten Händen aus der Masse Kugeln. Verwenden Sie pro Kugel 15–20 g der Masse.

Mixen Sie jeweils 4 EL Palmblütenzucker mit dem getrockneten Lavendel bzw. mit den getrockneten Rosenblüten in einem Minimixer zu Lavendel- bzw. Rosenzuckerstaub.

Füllen Sie den Rosenzuckerstaub, den Lavendelzuckerstaub, die Kokosraspeln, den weißen Mohn und die geriebene Schokolade in fünf verschiedene Schälchen, und wälzen Sie die Cashew-Kakao-Trüffeln darin.

Richten Sie die Trüffeln schön an, und verzieren Sie sie nach Wunsch mit Blüten.

Achtung: Die Trüffeln sehen klein und harmlos aus … Sie sind jedoch äußerst gehaltvoll! Genießen Sie sie also in vollen Zügen, aber in Maßen.

Bananen-Blaubeer-Pudding auf Kokosstaub

Erforderliche Geräte: Standmixer oder Pürierstab

Zutaten für 4 Personen

200 g frische Blaubeeren
3 reife Bananen
1 ganz kleine Prise Vanillesalz
1 EL Dattel-Vanille-Paste (siehe S. 238)
1 Spritzer Zitrone
eine großzügige Menge Liebe und Stille

Für die Dekoration

2–3 EL feiner Roh-Kokosstaub
4 Scheiben frische Ananas (ohne den Kern)
2 kleine, reife wilde Bananen
ein paar Granatapfelkerne
4 Triebspitzen von Ananassalbei oder Minze

Pürieren Sie alle Zutaten zu einer feinen Creme. Füllen Sie diese in eine Schüssel, und stellen Sie sie für einige Stunden kalt. Die Masse erhält dadurch eine puddingartige Konsistenz, sodass Sie mit einem Eisportionierer problemlos schöne Kugeln herausheben können.

Verwenden Sie für dieses Dessert große flache Teller. Verteilen Sie den Kokosstaub auf die Tellerflächen, indem Sie ihn sanft mit einem Teelöffel durch ein Teesieb kratzen.

Legen Sie je eine Ananasscheibe in die Tellermitte. Sollten die Scheiben sehr feucht sein, so tupfen Sie sie vorher trocken, damit keine Tropfen auf den Kokosstaub gelangen. Setzen Sie in die freie Mitte der Ananasscheiben je eine wohlgeformte Kugel des Puddings.

Vierteln Sie die Bananen, und ordnen Sie auf jedem Teller je zwei Viertel an. Verteilen Sie, falls vorhanden, einige Granatapfelkerne auf dem Kokosstaub. Diese erzeugen einen schönen farblichen Kontrast.

Der Bananen-Blaubeer-Pudding ist ein rasch zubereitetes und äußerst köstliches Dessert.

Bananen-Schoko-Mousse »Petit Four«

Zutaten für 4 Personen

Für die Schoko-Mousse

- 2 reife Avocados
- 5 Medjool-Datteln
- 4 EL rohes Kakaopulver
- ½ EL Limetten- oder Zitronensaft
- 1 Vanilleschote
- 1 Prise Meersalz

- 2–4 (je nach Größe) reife Bananen als Unterlage
- 2–3 EL helle gekeimte Sesamkerne zum Garnieren
- eine großzügige Portion Liebe und Harmonie

Pürieren Sie alle Zutaten der Schoko-Creme in einem Standmixer zu einer cremigen Mousse.

Schneiden Sie die Bananen in Scheiben, und setzen Sie auf diese Scheiben mit einer Spritztülle oder einem Löffelchen jeweils einen hübschen Klecks Mousse.

Garnieren Sie die Mousse-Scheiben mit hellen gekeimten Sesamkernen.

Richten Sie die fertige Bananen-Schoko-Mousse auf einer Platte an, und servieren Sie sie entweder sofort oder stellen Sie sie kalt. Sie können also die Creme auch gut einige Stunden vor dem Servieren zubereiten.

Papaya-Sorbet
... nichts leichter als das!

Erforderliche Geräte: Standmixer; Eismaschine oder Tiefkühlfach

Zutaten für 4 Personen
ca. 500 g sehr reife Papaya
30 ml Limetten- oder Zitronensaft
eine großzügige Portion Liebe und Frieden

Schälen Sie die Papaya, entfernen Sie die Kerne, und teilen Sie das Papayafleisch dann in große Stücke. Mixen Sie im Standmixer das Papayafleisch mit dem Limettensaft zu einem glatten Püree. Füllen Sie das Püree dann in eine laufende Eismaschine oder frieren Sie es in einem Gefäß im Tiefkühlfach ein.

Wenn Sie das Tiefkühlfach verwenden, so bereiten Sie das Sorbet am besten bereits am Vortag zu (oder gleich früh morgens, wenn es für abends sein soll). Holen Sie das Sorbet dann 15–20 Minuten vor dem Servieren aus dem Tiefkühlfach heraus, damit es etwas antaut.

Optimal ist es, wenn Sie eine Eismaschine verwenden. Ich selbst verwende eine mit einem Kompressor. Das ist zwar die teurere Anschaffung, jedoch lohnt sie sich, wenn man häufiger eine Eiscreme oder ein Sorbet herstellt. Solch eine Maschine erlaubt es einem auch, nacheinander mehrere Sorten herzustellen oder spontan eine Eiscreme als Nachtisch zuzubereiten, weil sie innerhalb von ca. 25 Minuten fertig wird.

Aber auch die bekannten Eismaschinen mit einem Akku, den man im Tiefkühlfach vorfrostet, sind gut geeignet. Diese kann man schon relativ preiswert kaufen.

Das Papaya-Sorbet ist eine echte Entdeckung. Es entstand ganz spontan: Ich hatte noch eine reife Papaya übrig, die verbraucht werden wollte. Also habe ich sie einfach püriert, und 25 Minuten später war dieses göttliche Dessert fertig.

Weil dieses Sorbet nicht zu süß ist, eignet es sich auch super als Zwischengang eines Menüs.

Junge Thai-Kokosnüsse

**Ihr Wasser ist ein himmlischer Nektar,
ihr Fruchtfleisch der pure Genuss!**

Das Kokoswasser selbst ist kalorienarm, denn es enthält wenig Fett. Es ist ein isotonisches Getränk und somit auch bei Sportlern sehr beliebt.

Die Kokosnuss enthält wertvolle Fette, Eiweiß, Ballaststoffe und zahlreiche gesunde Mineralstoffe, wie zum Beispiel Phosphor, Kalium, Magnesium und Kalzium. Sie enthält außerdem Vitamin C sowie B-Vitamine. Spurenelemente wie Eisen, Mangan, Kupfer, Zink und Selen (!) enthält sie ebenfalls reichlich. Aufgrund ihrer Vielzahl an natürlichen Fettsäuren wirkt sich Kokosnuss sehr positiv auf die Blutfettwerte aus.

Am köstlichsten schmeckt das Wasser der Kokosnuss, wenn man es kalt serviert. Für mich ist es die perfekte Alternative zu Alkohol. Ein Glas Kokoswasser ist ein erlesenes Getränk und im Rahmen eines Menüs etwas echt Besonderes.
Das Wasser kann man gut mit einem Strohhalm direkt aus der Nuss trinken. Dafür muss man in eine der drei weichen Stellen oben an der Nuss ein Loch stechen und den Strohhalm direkt reinstecken.

Ich schlage die Kokosnüsse immer ganz auf, weil ich mit Begeisterung das junge, zarte Fleisch der Kokosnuss in meiner Küche verwende. Dafür stelle ich mir direkt an der Spüle einen Krug in einer großen Schale bereit, halte die Nuss in meiner linken Hand und schlage mit dem stumpfen Messerrücken eines großen, soliden Messers gegen die Mittelachse der Nuss. Meist schon nach dem zweiten, dritten Schlag ist ein Knacken zu hören und die Schale springt auf. Dann stecke ich vorsichtig die Spitze des Messers in den Riss und drehe sie darin. Sofort rinnt das kostbare Nass aus der Nuss in den Krug; anschließend filtere ich es und fülle es um.

Nun schiebe ich die Messerklinge noch etwas tiefer in die Nuss und drehe die Klinge so lange, bis sich die Nuss einen deutlichen Spalt weit öffnet. Daraufhin ziehe ich das Messer aus der Nuss, lege es beiseite und breche nun die Nuss mit beiden Händen in ihre zwei Hälften. Mit einem Löffel lässt sich das weiche Fruchtfleisch ganz leicht herauslösen. Man kann es entweder direkt essen (was eine gehaltvolle Mahlzeit darstellt) oder es weiterverwenden.

Das Fruchtfleisch muss kühl aufbewahrt werden und sollte innerhalb von ein bis zwei Tagen verbraucht werden, weil es sehr empfindlich ist.

Schoko-Kokos-Bömbchen »Schwarzwälder Art«

Erforderliche Geräte: Standmixer; je nach Variante auch Dörrgerät

Zutaten für 4–6 Personen
(Dessert mit Kirschsoße plus
eine Reserve an Schoko-Kokos-Bömbchen)

250 g frisches Kokosfleisch
von jungen Thai-Kokosnüssen
3 EL weiße Tahini (Sesam-Mus)
3 EL Dattel-Vanille-Paste (siehe S. 238)
3–4 EL Rohkakao
3 reife Minibananen
1 EL Zitronensaft
1 kleine Prise Vanillesalz (siehe S. 240)
100 g Cashewkerne (Trockengewicht;
über Nacht in Wasser einweichen lassen)
etwas Wasser
1 Prise frisch gemahlene Muskatnuss

Für die Kirschsoße
300 g Sauerkirschen (können auch tiefgekühlte sein)
3 große Medjool-Datteln

Pürieren Sie die Cashewkerne zusammen mit etwas Wasser ganz fein.

Geben Sie das Kokosfleisch und die restlichen Zutaten dazu, und pürieren Sie alles zu einer körnigen, jedoch nicht zu groben Masse. Schmecken Sie diese ab, und süßen Sie sie gegebenenfalls noch nach.

Heben Sie mit einem Eisportionierer schöne runde Kugeln aus der Masse aus.

Pürieren Sie nun zunächst die Sauerkirschen und dann die Datteln zu einer feinen Soße.

Die Schoko-Kokos-Bömbchen können Sie auf zweierlei Weise servieren:

Frische Dessert-Cremekugeln

Servieren Sie die Kugeln pur, und reichen Sie die Kirschsoße dazu. Sie können auch die Kugeln direkt auf Kirschsoße servieren.

Bei dieser Variante ist es sinnvoll, die Schokomasse vorher noch einmal für ca. 1 Stunde im Kühlschrank zu kühlen. Kalt schmecken die Makronen am leckersten.

Innen »warm und weich« und außen »knusprig«

Diese Version erinnert mich an Schokoladentörtchen mit weichem, heißem Schokoladenkern, wie man sie in manchen Restaurants als Dessert auf der Karte finden kann. Legen Sie die ausgehobenen Kugeln vorsichtig auf die Antihaftmatten der Schubladen des Dörrgerätes, und trocknen Sie sie 6–8 Stunden lang.

Erst wenn die Oberfläche der Kugeln wirklich fest und trocken geworden ist, wenden Sie diese vorsichtig. Lassen Sie die Kugeln weitere ca. 4 Stunden lang trocknen.

Absolut genial schmecken die Kugeln, wenn sie warm aus dem Dörrgerät auf die Kirschsoße gesetzt und direkt serviert werden.

Ebenso können Sie die Kugeln im kalten Zustand auf Kirsch- oder auf andere Fruchtsoßen setzen. Auch ohne Fruchtsoße sind diese Makronen eine köstliche Leckerei.

Über die Aufbewahrung oder die Haltbarkeit der Schoko-Kokos-Bömbchen musste ich mir bis jetzt keine Gedanken machen, weil sich diese Makronen extrem hoher Beliebtheit erfreuen und deshalb immer rasch weg sind.

Tipp: Beim Öffnen der jungen Kokosnüsse gewinnt man absolut himmlisch schmeckendes Kokoswasser. Dafür lasse ich jedes andere Getränk sofort stehen. Servieren Sie dieses Wasser als Highlight zum Dessert in schönen Cocktailgläsern.

Die faszinierende Welt der Fruchtleder

Für Fruchtleder werden Früchte einer oder verschiedener Sorten fein püriert und dann großflächig auf die Antihaftmatten eines Dörrgerätes aufgetragen. Dort trocknen die Leckereien über viele Stunden hinweg – so lange, bis sie eine lederartige Konsistenz bekommen haben.

Fruchtleder haben wie Trockenobst (im Grunde sind sie ja nichts anderes) eine lange Haltbarkeit und sind der perfekte Energiesnack für unterwegs. Kinder lieben Fruchtleder, sie sind, so sage ich immer, einfach die besseren »Gummibärchen«.

Das nachfolgende Bananenleder ist ein gutes Anschauungsbeispiel dafür, wie man Fruchtleder herstellt. Man kann die Leder beliebig variieren. Banane ist auch immer eine gute Basis für interessante Kombinationen, weil pürierte Banane – wohl aufgrund der Kompaktheit der Frucht – stets für eine schöne geschmeidige Lederkonsistenz sorgt. Z.B. erhält man mit Kakao und Banane echt leckere Schoko-Bananen-Leder.

Bei Beerenfrüchten muss man darauf achten, das Fruchtpüree dicker aufzutragen, damit das Leder nicht rissig wird. Je mehr Wasser eine Frucht enthält, desto größer ist die Möglichkeit, dass es viele Risse im Leder gibt, weil einfach der Schwund sehr stark ist.

Ich mische bei den Ledern auch gern wegen der bindenden Eigenschaften ein wenig geschroteten Leinsamen oder etwas gekeimte Chia-Saat unter. Köstlich – und auch schön anzusehen – ist es, wenn man gekeimte ganze Buchweizenkerne auf die Leder streut, bevor sie in das Dörrgerät kommen. Auch fein gehackte Nüsse, Kerne oder auch Blüten machen sich sehr gut. Der Fantasie sind hierbei keine Grenzen gesetzt.

Wenn das Leder nicht zu trocken, sondern schön geschmeidig ist, kann man es auch schön mit der Küchenschere zurechtschneiden oder mit Ausstechformen Motive ausstechen.

Was auch sehr einfach ist, gut aussieht und gleichmäßige Portionen ergibt: Sie können das Leder rollen und anschließend in Scheiben schneiden. Dann erhalten Sie Fruchtschnecken. Diese bleiben oftmals aufgrund ihrer leicht klebrigen Konsistenz von allein in Form. Sonst können Sie auch kleine Spieße durch die Schnecken bohren. Das sieht dann bezaubernd aus, wie ein edles Praliné.

(Auf der Abbildung sehen Sie als Beispiele zweierlei Leder, die aufgerollt und dann in Scheiben geschnitten wurden: Bananenleder mit Kirschbuchweizenleder – Rezepte aus meinem Buch *Rohköstliche Torten, Kuchen und Kekse*.)

Tipp zur Aufbewahrung:
Wenn ich nicht etwas Konkretes mit meinen Ledern vorhabe, lasse ich sie im ganzen Stück und lege sie auf ein vorgeschnittenes Backpapier. Dann rolle ich dieses auf und spanne einen Gummi darum, damit die Rolle nicht wieder aufgeht. So lässt sich das Leder jederzeit, ohne zu verkleben, wieder aufrollen und kann in beliebige Formen geschnitten oder gestanzt werden. Diese Rollen bewahrt man am besten in einer gut schließenden Plastikbox oder einem großen Plastikbeutel auf.

Bananenleder in zwei Varianten

Erforderliche Geräte: Standmixer und Dörrgerät

Zutaten

für 4 Lederplatten in Schubladengröße des Dörrgerätes

1 kg vollreife, geschälte Bananen (ca. 10 Stück)
knapp 1 TL Safranfäden
1 EL Zitronensaft
1 Miniprise Meersalz
eine überfließende Portion Licht und Liebe

Pürieren Sie alles im Standmixer zu einem feinen Püree (ca. 1000 ml).

Für die erste Variante: Rühren Sie 20 g gekeimten hellen Sesam unter eine Hälfte des Pürees. Pürieren Sie den Sesam nicht mit.

Mit den 1000 ml Püree lassen sich 4 Trockenschubladen befüllen. Streichen Sie dafür jeweils 250 g mit einem Silikonspatel auf eine Antihaftmatte. Achten Sie darauf, dass Sie eine sehr ebenmäßige Oberfläche erhalten. Sie werden ein wenig Geduld und Feingefühl benötigen, weil die Masse sehr beweglich ist.

Sie sollten den Spatel ganz leicht führen, so, als würde er über der Masse schweben, damit sich die Masse verstreichen lässt, aber nicht verschoben wird.

Wer das Leder gern etwas kompakter mag, kann die angegebene Gesamtmenge auf entsprechend weniger Matten aufstreichen. Die Leder werden dann dicker und müssen entsprechend länger trocknen.

Wenn Sie aus einem Leder gefüllte Crêpes zubereiten wollen, empfiehlt es sich, das Leder schön dünn auszustreichen.

Wenn Sie die Schubladen mit dem Bananenpüree gefüllt haben, dann lassen Sie es im Trockner 4–6 Stunden trocknen. Sobald Sie das Leder an der Ecke anheben und wie eine dicke Folie abziehen können, wenden Sie es und legen es auf das bloße Gitter der Dörrschublade. Dann lassen Sie das Leder für weitere 2–3 Stunden trocknen.

Hier noch eine köstliche und ansprechende Variante des Bananenleders:

Paradiesisches Tropenleder

300 g wilde Bananen (z. B. Apfelbananen)
1 vollreife Mango (ca. 150–200 g Fruchtfleisch)
200 g Inneres von Passionsfrüchten

Führen Sie die Zubereitung wie beim Bananenleder durch. Dieses Leder hat ein tropisch-fruchtiges Aroma. Zusätzlich verleihen ihm zerschlagene Passionsfruchtkerne noch eine schöne Optik (siehe Abb. rechts).

Bananen-Carob-Leder

Erforderliche Geräte: Standmixer und Dörrgerät

Zutaten
für 2 Lederplatten in Schubladengröße des Dörrgerätes
500 g vollreife, geschälte Bananen (ca. 5 Stück)
3 EL Carob oder rohes Kakaopulver
1 EL Zitronensaft
1 Miniprise Meersalz
eine großzügige Portion Liebe und Wertschätzung

Pürieren Sie alle Zutaten im Standmixer zu einer feinen Masse. Je nachdem, wie dick Sie die Leder haben wollen, reicht die Menge für bis zu 2 volle Trocknerschubladen.

Streichen Sie das Fruchtpüree mit einem Silikonspatel auf die Antihaftmatten. Achten Sie darauf, dass die Oberfläche ganz ebenmäßig wird. Lassen Sie die Masse im Dörrgerät 4–6 Stunden lang trocknen. Sobald sich das Leder an der Ecke anheben und wie eine dicke Folie abziehen lässt, wenden Sie es, und legen Sie es auf das bloße Gitter der Dörrschublade. Dann lassen Sie das Leder für weitere 2–3 Stunden trocknen.

Getrocknete Ananasscheibe oder -platte

Erforderliche Geräte: Dörrgerät

Zutaten
für 2–3 Lederplatten in Schubladengröße des Dörrgerätes
1 vollreife, süße Ananas

Schälen Sie die Ananas gründlich, und hobeln Sie sie in hauchfeine Scheiben. Um eine Platte zu erhalten, legen Sie diese Scheiben leicht an den Rändern überlappend auf der Antihaftmatte des Dörrgerätes aus.

Wenn Sie lieber einzelne Scheiben haben wollen, dann legen Sie sie einfach nebeneinander aus. Lassen Sie nun die Scheiben für einige Stunden im Dörrgerät trocknen. Lösen Sie vorsichtig mithilfe eines Spatels die Ränder der Ananasplatte, die nun wie ein transparenter Spitzenvorhang aussieht, ab, und heben Sie die Platte von der Antihaftmatte. Sollte die Ananas noch nicht ganz getrocknet sein, dann legen Sie sie im gewendeten Zustand noch einmal für 30–60 Minuten in das Dörrgerät.

Ananas-Carob-Leder-Konfekt

Zutaten
für 10–14 Konfektstücke
1 Platte geschmeidiges Carob-Leder
1 Platte getrocknete Ananas (ebenfalls geschmeidig)

Legen Sie die Ananasplatte auf die Carob-Leder-Platte, und rollen Sie beide dicht aneinandergedrückt auf. Schneiden Sie die Rolle mit einem sehr scharfen Messer in Scheiben der von Ihnen gewünschten Dicke. Drücken Sie die Scheiben an den Enden etwas an. Sehr ansprechend sieht dieses Konfekt aus, wenn man es in kleine Konfekt-Manschetten legt. Diese halten auch die Leder-Spirale gut zusammen.

Sesam-Crêpe mit Macadamia-Vanille-Füllung in Erdbeersoße

Erforderliche Geräte: Standmixer und Dörrgerät

Zutaten für 4 Personen

12 Sesam- oder Safran-Bananenleder (Quadrate von ca. 8x8 cm Größe; siehe S. 182)

Für die Macadamia-Füllung:
200 g Macadamianüsse
6–8 EL Dattel-Vanille-Paste

Für die Erdbeer-Soße:
400 g Erdbeeren
6 EL Dattel-Vanille-Paste (siehe S. 238)
ein Spritzer Zitrone
ein Hauch schwarzer Pfeffer frisch aus der Mühle

essbare Blüten für die Dekoration
(z.B. Erdbeerblüten, Apfelblüten)
eine unbegrenzte Menge Liebe und gute Laune

Wichtig: das richtige Timing!

Der Crêpe-Teig, sprich das Bananenleder, muss am Vortag vorbereitet werden (ich selbst habe fast immer einen kleinen Vorrat im Kühlschrank). Wenn die Crêpes gekühlt gelagert worden sind, dann sollten Sie sie ca. 1 Stunde bei Zimmertemperatur stehen und warm werden lassen, damit sie geschmeidiger werden.

Bei diesem Dessert ist es darüber hinaus erforderlich, dass man es innerhalb eines bestimmten Zeitfensters zubereitet. Es sollte etwa 1 Stunde, maximal 1,5 Stunden vor dem Servieren fertiggestellt und dann kalt, jedoch nicht zu kühl, gelagert werden. Das ist nötig, damit sich der Teig mit der Erdbeersoße vollsaugen kann, wodurch diese eine verblüffend ähnliche Konsistenz wie die kalter Crêpes erhalten. Lässt man das Dessert hingegen zu lange stehen, so löst sich das Bananenleder einfach mehr und mehr auf. Es schmeckt zwar immer noch lecker, doch dann ist es nicht mehr das Ergebnis, das wir erzielen wollen, denn gerade der gewisse Biss macht das Besondere dieser Crêpes aus.

Pürieren Sie für die Macadamiafüllung alle Zutaten im Multizerkleinerer zu einer cremigen Masse, und stellen Sie die Creme beiseite. Waschen Sie die Erdbeeren gründlich (und legen Sie, wenn gewünscht, einige besonders schöne für die Garnitur beiseite).

Pürieren Sie die Erdbeeren zusammen mit der Dattelpaste, dem Zitronensaft und dem schwarzen Pfeffer zu einer glatten Soße. Stellen Sie vier flache Dessertschalen mit leicht erhöhtem Rand bereit. Geben Sie auf jedes Bananenlederquadrat einen guten Esslöffel Macadamia-Vanille-Creme, und formen Sie es anschließend zu einem Röllchen. Platzieren Sie die Röllchen mit der Nahtstelle nach unten nebeneinander wie Cannelloni in die Schalen. Dann begießen Sie sie so mit Erdbeersoße,

dass sie vollständig bedeckt sind (aber so, dass man sie noch schön sehen kann). Stellen Sie die Cannelloni nun für ca. 1 Stunde beiseite, lassen Sie sie ziehen, und dekorieren Sie sie kurz vor dem Servieren mit essbaren Blüten, Erdbeeren oder Minzeblättchen. Vom Gehalt her hat die Menge pro Person in diesem Rezept die Wertigkeit eines süßen Hauptgerichts. Dieses Rezept ist die perfekte Ergänzung zu etwas sehr Leichtem, wie einem Salat oder einer leichten Suppe (z. B. Spargelsuppe). Wenn Sie sie als reinen Nachtisch servieren wollen, dann empfehle ich Ihnen, pro Person 1–2 Crêpes zu machen.

Diese Crêpes sind ein Dessert mit dem ultimativen Überraschungs- und Aha-Effekt. Lassen Sie Ihre Gäste raten, was sie essen, verraten Sie ihnen nicht, dass es sich um Bananenleder handelt. Von meinen Gästen ist noch nie jemand von allein drauf gekommen, wenn ich es ihnen serviert habe.

Und immer erntet dieses Dessert allergrößtes Staunen und Begeisterung. Kennengelernt habe ich eine Variante dieses Crêpes in einem Buch von Alissa Cohen aus den USA. Sie füllt ihre Crêpes mit Cashewkerncreme, was ich auch sehr köstlich finde.

Mousse au Chocolat »Nirwana«

mit Frucht-Tatar aus dreierlei Früchten
… entführt Sie in andere Sphären

Erforderliche Geräte:
Multizerkleinerer, Pürierstab oder Standmixer

Zutaten für 4 Personen

200–250 g/2 reife Avocados
4–8 EL Dattel-Vanille-Paste (siehe S. 236)
4 EL rohes Kakaopulver
½ EL Limetten- oder Zitronensaft
etwas Wasser
50 g rohe Kakaobutter
(im warmen Wasserbad schmelzen)
1 Prise Meersalz
3 Tropfen »Cinnamona«* oder ein Hauch Zimtpulver
essbarer Goldstaub zum Veredeln
eine großzügige Portion Liebe und Fülle

Für das Dreierlei-Frucht-Tatar

½ reife, doch feste Mango
¼ kleine reife Papaya
4 mittelgroße reife Erdbeeren
etwas Zitronensaft
1 TL Rosen-Palmblütenzucker
(siehe S. 236) oder 1 TL Honig

Für eine ausgefallene Dekoration

2–4 Bananenblätter
4 Tropenleder-Buddhas oder ein anderes Motiv
(siehe S. 182)
etwas rohes Kokospulver

*Ich weiß, das klingt abwegig, doch »Cinnamona« ist eine essbare Körperöl-Mischung auf Süßmandelöl-Basis von Amanprana. Sie hat ein fruchtiges Zimtaroma und passt perfekt zu der herben Mousse.

Pürieren Sie alle Zutaten zu einer cremigen Mousse. Die Kakaobutter gibt der Mousse nach dem Erkalten mehr Festigkeit. Wenn man die Mousse nicht so fest benötigt, weil man sie z. B. einfach im Glas servieren will, kann man sie auch weglassen.

Stellen Sie die Mousse gut abgedeckt für ca. 1–2 Stunden in den Kühlschrank. Füllen Sie die fertige Mousse entweder in schöne Gläser, oder heben Sie Nocken oder Kugeln aus der Masse aus. Richten Sie diese auf Desserttellern an, und bestreuen Sie sie mit dem Goldstaub.

Schneiden Sie für das Tatar die Früchte der drei Sorten jeweils in ganz feine Würfelchen, und füllen Sie sie in getrennte Schälchen. Die Mango wird pur verwendet. Besprenkeln Sie die Papaya mit etwas Zitronensaft, und vermischen Sie die Erdbeerwürfel mit Rosen-Palmblütenzucker oder Honig – es sei denn, sie sind sehr süß, was heutzutage leider eher selten ist.

Mein Dekorations-Tipp für besondere Anlässe: Schneiden Sie aus einem Bananenblatt eine Unterlage aus – das kann einfach ein Quadrat oder ein Kreis sein –, und legen Sie diese in die Mitte eines großen flachen Tellers. Mit etwas mehr Geduld und Hingabe können Sie auch aufwendigere Strukturen schneiden, wie die grasartige auf der Abbildung.

Bananenblätter erhält man frisch in Asiamärkten oder sogar tiefgefroren in gut sortierten Lebensmittelgeschäften. Ich habe in der Regel eine Packung Bananenblätter in der Tiefkühltruhe und nehme bei Bedarf einzelne Blätter heraus. Wenn man ein gefrorenes Blatt kurz unter lauwarmes Wasser hält, ist es im Nu aufgetaut. Ich trockne es dann ab und reibe es mit etwas Mandelöl ein, damit es einen seidigen Glanz erhält.

Mit dem Kokospulver können Sie z. B. einen Kreis daraufstäuben und den Tropenleder-Buddha hineinsetzen. Auf der einen Seite werden dann 1 oder 2 Moussekugeln platziert, auf der anderen das Frucht-Tatar. Füllen Sie dazu einen kleinen Kugelausstecher jeweils randvoll mit einer Obstsorte, und setzen Sie sie auf dem Dessertteller in Form einer kleinen Kuppel ab.

Wenn Sie einen Kreis als Untergrund gewählt haben, können Sie die Frucht-Tatare auch z. B. ringförmig um den Teller legen. Bei dieser Variante können Sie den Buddha einfach in die Mousse setzen, das stellt ebenfalls eine sehr attraktive Dekoration dar. Diese Mousse au Chocolat ist immer wieder eine Überraschung, die begeistert.

Sie ist sehr gehaltvoll, deshalb sollte man sie natürlich maßvoll essen, auch wenn sie nur gesunde Fette und Inhaltsstoffe enthält. Es fällt allerdings zugegebenermaßen nicht ganz leicht, sich bei dieser Mousse zurückzuhalten.

Das Tolle an diesem Dessert ist, dass es sehr schnell und einfach zuzubereiten ist und besonders bei Gästen großes Staunen hervorruft. Die dreierlei Früchte sind eine absolut perfekte Ergänzung, die erstaunlich gut mit dem Kakaoaroma harmoniert.

Das essbare Gold unterstreicht auf verspielte Weise, wie kostbar und köstlich dieses Dessert ist.

Pina-Coco-Eiscreme auf Erdbeerspiegel

Erforderliche Geräte: Standmixer;
Eismaschine oder Tiefkühlfach

Zutaten für 4 Personen

500 ml Saft von einer sehr reifen, frischen Ananas
100 g rohes Kokospulver
1 EL Chia-Samen-Pulver (gekeimt)
1 kleine Prise Vanillesalz (siehe S. 240)
ca. 200 g frische Ananas
200 g reife, frische Erdbeeren
1 kleine Prise schwarzer Pfeffer aus der Mühle
1 EL Manukahonig oder Dattelpaste

Für die Dekoration

getrocknete Blüten (wie z.B. Ringelblumenblüten,
Kornblumenblüten, Rosenblüten oder
Granatapfelblüten)

eine großzügige Portion Liebe und Verbundenheit

Pürieren Sie den Ananassaft zusammen mit dem Kokospulver, dem Chia-Samen-Pulver und dem Vanillesalz zu einer glatten Masse.

Stanzen Sie z.B. mit einer Ausstechform aus den frischen Ananasscheiben Blumen aus. Schneiden Sie die gesamte restliche Ananasmenge in sehr feine Würfel, und rühren Sie diese unter die Masse.

Füllen Sie die fertige Masse in die laufende Eismaschine oder stellen Sie sie in einem Gefäß in das Tiefkühlfach.

Pürieren Sie die Erdbeeren, den Honig und den Pfeffer zu einer seidigen Soße. Verteilen Sie die Soße auf die Dessertteller. Platzieren Sie in die Mitte der Teller die Ananasblumen, und setzen Sie auf diese jeweils eine große Kugel Eiscreme.

Verteilen Sie um den äußeren Soßenrand und auf dem Tellerrand schön die bunten Blüten. Ihrer Fantasie sind hierbei natürlich keine Grenzen gesetzt: Spielen Sie!

Cashew-Blaubeer-Eiscreme

Erforderliche Geräte: Standmixer;
Eismaschine oder Tiefkühlfach

Zutaten
500 g Kulturblaubeeren
100 g Cashewkerne (einweichen lassen)
1 Spritzer Zitronensaft
2 EL Dattel-Vanille-Paste (siehe S. 238)
eine großzügige Portion Liebe und Stille

Pürieren Sie alle Zutaten im Standmixer zu einer feinen Creme, und füllen Sie diese in die laufende Eismaschine oder stellen Sie sie in einer Form in das Tiefkühlfach.

Mandel-Waldblaubeer-Eiscreme

Erforderliche Geräte: Standmixer;
Eismaschine oder Tiefkühlfach

Zutaten
500 g Waldblaubeeren
(können auch tiefgekühlt sein)
6 EL Mandelpüree
50 ml Wasser
1 Spritzer Zitronensaft
2 EL Manukahonig oder Yaconsirup
eine besondere Portion Liebe und Großzügigkeit

Pürieren Sie alle Zutaten im Standmixer zu einer feinen Creme, und füllen Sie diese in die laufende Eismaschine oder stellen Sie sie in einer Form in den Tiefkühlschrank.

Bei Verwendung von tiefgekühlten Blaubeeren reicht es in der Regel, wenn Sie zuerst die restlichen Zutaten zu einer Creme pürieren und anschließend die noch vollkommen gefrorenen Früchte auf das laufende Püriermesser fallen lassen. Dadurch sollte automatisch ein cremiges Eis entstehen. Falls es nicht fest genug wird, dann geben Sie die Creme noch für 10–15 Minuten in die Eismaschine oder stellen Sie sie in das Tiefkühlfach.

Ich finde es äußerst faszinierend, dass verschiedene Blaubeersorten kombiniert mit verschiedenen Nussarten ganz erstaunliche Unterschiede bei den Farbtönen der Eiscremes bewirken.

Rohkost-Kuchen und -Torten

… sind deshalb etwas so Besonderes, weil sie immer total saftig und köstlich frisch schmecken. Alle Zutaten sind zu 100% vital, ihre Inhaltsstoffe sind daher voll verfügbar. Sie stecken voller Lebens- und Lichtenergie. Weil keine Bestandteile erhitzt werden und die Zutaten in ihrer ursprünglichen Zusammensetzung erhalten bleiben, sind sie für den Körper gut zu verdauen und zu verstoffwechseln.

Die in den Zutaten enthaltene Süße kommt von natürlichen, in der Pflanze gespeicherten Fruchtzuckern. Diese Fruchtzucker sind in aller Regel dadurch, dass sie in ihrer vollkommen natürlichen Form erhalten bleiben, in Harmonie mit allen anderen Bestandteilen einer Frucht, wie etwa Ballaststoffen, Enzymen usw. Sie sind durch ihre Ganzheitlichkeit für unseren Körper deutlich leichter zu verstoffwechseln als industriell veränderte Zucker.

Das Erhitzen beim traditionellen Backen verändert bereits einschneidend das harmonische Gefüge der Zutaten. Inhaltstoffe wie sensible Aminosäuren gehen beim Prozess des Erhitzens verloren, Stoffe, die unser Körper normalerweise leicht verdauen könnte, werden mit einem Mal schwer verdaulich. Sie kosten uns dann Energie, statt uns welche zu schenken.

Es ist sicher nicht ratsam, sich nun nur noch vorwiegend von Obst und Rohkostkuchen zu ernähren, nur weil es gesünder erscheint. Es gilt hier, wie in allen anderen Lebensbereichen, ein gesundes Maß zu halten. Ein Zuviel an Fruchtzucker und Kohlehydraten kann selbstverständlich auch durch einen übermäßigen Verzehr von Obst und von stärkehaltigen Lebensmitteln entstehen, seien diese auch noch so gesund.

Meine Erfahrung ist, dass die rohköstlichen Desserts und Kuchen ein sehr frühes Sättigungsgefühl entstehen lassen. Sie sind äußerst »befriedigend«, und man stellt fest, dass man mit der Zeit weniger isst. Auch der Drang nach viel Süßem lässt mit der Zeit deutlich nach. Die Geschmackswahrnehmung ändert sich zunehmend. Es wird Ihnen sicher früher oder später auch so gehen, dass Sie immer weniger süßen werden, weil Ihnen die in den Zutaten enthaltene Süße in aller Regel völlig ausreichen wird.

Bei meinen Rezepten versuche ich, sie nicht zu wenig süß zu machen, weil ich nicht davon ausgehe, dass jeder mit geringer Süße auskommen kann. Bei mir persönlich sind die Anteile an Süße meistens geringer als in den Rezeptangaben. Aber das ist natürlich Geschmackssache, und Sie sollten während des Zubereitens für sich selbst prüfen, welche Menge für Sie stimmig ist.

Das Geniale ist, dass man rohköstliche Kuchen in aller Regel schon allein mit einer Küchenmaschine (die eine Pürier- und eine Häckselfunktion besitzt) herstellen kann. Manchmal ist ein Dörrgerät hilfreich, aber nicht immer zwingend erforderlich. Auch lassen sich die rohköstlichen Kuchen, sofern man alle Zutaten vorrätig hat, sehr spontan und blitzschnell zubereiten.

Wenn ich einen Rohkostkuchenteig herstelle, bereite ich oftmals eine doppelte Menge zu und lagere die nicht sofort benötigte Teigmenge im Kühlschrank. So kann ich relativ bald und sehr spontan einen weiteren Kuchen herstellen. Der rohe Teig lässt sich gut einige Tage lang aufbewahren, besonders wenn man ihn vakuumverschließt.

Ich habe mir auch angewöhnt, immer nur kleine Kuchen zuzubereiten, weil diese Kuchen so nahrhaft und sättigend sind. Ich verwende also nicht die üblichen großen Springformen. Nur wenn ich Besuch erwarte, gibt es einen großen Kuchen. In meinem Buch *Rohköstliche Torten, Kuchen und Kekse* (Schirner Verlag, voraussichtlich Herbst 2011) können Sie jede Menge über dieses Thema erfahren. Im Rahmen des Kapitels »Desserts« möchte ich Ihnen schon einen kleinen Vorgeschmack geben.

Traubentorte auf Haselnussboden

Erforderliche Geräte: Küchenmaschine
(Multizerkleinerer); Dörrgerät (optional)

Zutaten für 6–8 Personen

200 g Haselnüsse
(über Nacht einweichen lassen)
125 g getrocknete Physalis
(ca. 1 Stunde vorher einweichen lassen)
125 g grüne Rosinen
(ca. 1 Stunde einweichen lassen)
1 Vanilleschote (das Mark herauskratzen)
1 Prise Meersalz
1 EL Zitronensaft
1 kleine Prise Muskat frisch abreiben

Spülen Sie die Haselnüsse gut ab, und geben Sie
sie in einen Multizerkleinerer. (Anmerkung: Ein Stand
mixer ist für diesen Teig nicht so gut geeignet, weil die
Masse zu rasch zu fein wird und dann leicht im Mixer
verklumpt.)

Lassen Sie die Physalis und die Rosinen etwas ab
tropfen (das Wasser zum Einweichen aber beiseitestel
len und aufbewahren), und geben Sie sie zu den Hasel
nüssen. Zerkleinern Sie die Zutaten pulsierend.

Geben Sie ganz nach Bedarf esslöffelweise das Ein
weichwasser der Früchte dazu, damit sich die Zutaten gut
zerkleinern lassen. Achten Sie jedoch unbedingt darauf,
dass der Teig nicht zu trocken oder gar klebrig wird.

Fügen Sie nun das Vanillemark, das Salz, den Zitronensaft und den Muskat hinzu. Vermischen Sie abschließend noch einmal alles pulsierend und gründlich. Der Kuchenteig sollte eine feine, aber noch leicht körnige Konsistenz haben.

Reiben Sie eine Tarteform (Durchmesser 24 cm) mit etwas Mandelöl ein. Drücken Sie den Teig gleichmäßig in die Form, und lassen Sie dabei einen schönen Rand entstehen.

Sehr hilfreich ist es, wenn Sie eine Tarteform mit Hebeboden besitzen, aus der sich der Boden herausdrücken lässt. Ist das nicht der Fall, so sollten Sie die Form vorher mit Klarsichtfolie auslegen, damit Sie den fertigen Boden dann vorsichtig herausheben können.

Wer nicht unbedingt einen schönen Tarterand haben muss, kann sich auch einer klassischen Springform bedienen. Ich lasse den Kuchen dann immer direkt auf dem Boden der Form und nutze diesen dann wie einen flachen Teller. Das gibt dem Boden Stabilität.

Decken Sie die mit Teig ausgefüllte Form nun leicht ab, und stellen Sie sie für 1–2 Stunden kalt. Lösen Sie den Teig danach vorsichtig entweder mit dem Boden oder mithilfe der Folie aus der Form.

Den Kuchenteig können Sie auf zweierlei Art und Weise weiterverarbeiten: Entweder verwenden Sie den Boden im feuchten Zustand und stellen damit die Torte fertig. Sie können dann sofort loslegen.

Oder Sie trocknen den herausgelösten Tortenboden für 1–3 Stunden im Dörrgerät. Diese Variante habe ich in diesem Rezept gewählt.

Der Haselnussboden eignet sich wunderbar für eine Vielzahl von Torten-Ideen, unabhängig davon, ob man ihn feucht oder leicht getrocknet verwendet.

Zutaten für die Füllung der Torte

200 g Cashewkerne
(über Nacht einweichen lassen)
2 EL Zitronensaft
1 Vanilleschote (das Mark herauskratzen)
1 Prise Vanillesalz (siehe S. 240)
1–2 EL Dattelpaste oder Manukahonig

Pürieren Sie alle Zutaten zu einer feinen Creme. Stellen Sie die Creme für eine halbe Stunde in den Kühlschrank. Während die Creme kühlt, um fester zu werden, können die Weintrauben vorbereitet werden. Waschen Sie diese gründlich, und lösen Sie die einzelnen Beeren von der Traube ab.

Zutaten für den Belag

ca. 500 g kernarme oder kernlose Trauben für den Belag (zweifarbig ist schön)
essbare Blüten (z.B. Bellis)

eine großzügige Portion Liebe und Optimismus

Platzieren Sie den Tortenboden auf eine ansprechende Servierplatte. Verteilen Sie die fertige Cashewcreme gleichmäßig auf dem Tortenboden. Ordnen Sie die Trauben schön auf der Creme an. Wenn Sie Trauben in zweierlei Farben zur Verfügung haben, so können Sie z.B. eine hübsche Spirale legen.

Verzieren Sie diese saftige Torte am Schluss noch mit einer oder mehreren essbaren Blüten. Sie schmeckt absolut genial und steht bei uns auf der Hitliste ganz weit oben.

Tropentraumsalat

Zutaten für 4 Personen

1 große reife Papaya
2 reife Mangos
1 Pitahaya (auch Drachenfrucht genannt)
1 Karambole (auch Sternfrucht genannt)
Saft von 1 Limette
1 reifer Granatapfel
essbare Blüten (z.B. Heiße-Lippen-Salbei)
oder ein paar Minz- oder Zitronenmelisseblättchen
eine üppige Prise Liebe und Sinnlichkeit

Waschen Sie die Papaya und die Mangos gründlich, schälen Sie sie, und entfernen Sie die Kerne. Schneiden Sie die Papaya und die Mangos in Würfel, geben Sie diese in eine Schale, und mischen Sie den Saft der Limette unter. (Verwenden Sie erst einmal nur die Hälfte des Limettensaftes, und schmecken Sie ab, ob der Obstsalat bereits nach Ihrem Geschmack ist oder noch mehr Limettensaft benötigt.)

Der Limettensaft ist sehr bedeutsam in diesem Salat, weil er die köstlichen Aromen der Papaya und der Mangos kontrastreich hervorhebt.

Lösen Sie die Kerne aus dem Granatapfel, und stellen Sie diese beiseite.

Schneiden Sie von der Pitahaya aus der Mitte vier gleichmäßig dünne Scheiben heraus. Heben Sie aus den restlichen Fruchtstücken mit einem Kugelstecher kleine Kugeln aus oder schneiden Sie diese einfach in Würfel.

Schneiden Sie die Karambole in Scheiben.

Verteilen Sie den Obstsalat nun auf vier Schälchen. Geben Sie dann die Pitahaya-Kugeln und die Granatapfelkerne dazu. Verwenden Sie abschließend zur Dekoration die Pitahaya-Scheiben, die Karambole-Sterne sowie die Blüten oder Kräuter.

Eine köstliche Ergänzung zu diesem paradiesischen Salat ist die Cashewkerncreme aus dem Rezept »Gefüllte Tulpenblüten« (siehe S. 207). Die Hälfte der dort angegebenen Menge reicht für dieses Rezept aus.

Tipp: Trocknen Sie die Samen der Papaya im Dörrgerät, und verwenden Sie diese dann wie Pfeffer als Gewürz in einer Mühle. Im Ayurveda wird der Papaya-Samen als Heilmittel geschätzt.

Erdbeer-Rhabarber-Sorbet

Erforderliche Geräte: Standmixer;
Eismaschine oder Tiefkühlfach

Zutaten für 4 Personen

ca. 150 g frischer Rhabarber
ca. 300 g frische Erdbeeren
2 EL Manukahonig, Ahornsirup oder Dattelpaste
½ TL »Stevia Groovia 1:5«
eine kleine Prise Meersalz
1 TL Zitronen- oder Limettensaft
1 EL Chia-Samen (optimal sind gekeimte)
eine große Portion Liebe und Beweglichkeit

Waschen Sie den Rhabarber und die Erdbeeren gründlich, zerkleinern Sie beide Zutaten grob, und pürieren Sie sie zusammen mit den restlichen Zutaten im Standmixer so lange, bis die Masse eine feine cremige Konsistenz hat. Die Masse in die laufende Eismaschine füllen oder in einem Behälter im Tiefkühlfach gefrieren lassen.

Dieses Sorbet eignet sich hervorragend als erfrischender Zwischengang eines Menüs, weil es sehr fruchtig und leicht säuerlich ist.

Kaki-Pudding »Made in Heaven«

Erforderliche Geräte: Standmixer

Zutaten für 4–6 Personen

3 sehr reife Kaki-Früchte
1 EL Limetten- oder Zitronensaft
1–2 EL Flohsamen (gemahlen)
2 EL Kokosflocken
ca. 24 Blätter von Ananassalbei oder einer anderen Fruchtsalbeisorte
eine großzügige Portion Liebe und Fülle

Waschen Sie die Kaki-Früchte gründlich, entfernen Sie den Ansatz, und pürieren Sie sie mit der Schale in einem Hochleistungsmixer fein. Fügen Sie den Limettensaft und den Flohsamen hinzu, und pürieren Sie erneut gut. Je nach Süße der Früchte können Sie die Menge des Limettensaftes variieren.

Füllen Sie das Püree in eine Schale oder eine Springform, und stellen Sie es für 1–2 Stunden in den Kühlschrank. Optimal ist eine Springform mit Glasboden, auf dem man den Pudding direkt servieren kann. Stellen Sie die Springform kurz vor dem Servieren auf einen großen Teller oder eine Kuchenplatte, und öffnen Sie vorsichtig den Rand.

Im Normalfall ist der Pudding so schnittfest, dass man davon kuchenartige Stücke schneiden kann. Nimmt man weniger Flohsamen, ist er weniger fest. Bestreuen Sie den Pudding mit Kokosflocken.

Stecken Sie nun rundherum die Salbeiblätter in den Pudding, damit er wie eine schöne große Blume aussieht.

Tipp: Verwenden Sie im Sommer anstelle der Fruchtsalbeiblätter die Blütenblätter einer Sonnenblume, die auch zu den essbaren Blüten zählt.

Bei der Kaki-Frucht ist es sehr wichtig, dass sie vollkommen reif ist, sonst schmeckt sie eher unangenehm. Man kann sie, falls sie noch nicht ausgereift ist, kühl lagernd nachreifen lassen.

Gefüllte Tulpenblüten – zauberhaftes Frühlingsdessert

Erforderliche Geräte: Standmixer

Zutaten für 4 Personen

200 g rohe Cashewkerne
(über Nacht einweichen lassen)
2 EL Dattel-Vanille-Paste (siehe S. 238)
    oder
2 EL Manukahonig
Saft einer halben Zitrone
1 kleine Prise Vanillesalz (siehe S. 240)
etwas Wasser zum Pürieren
1 gut reife Passionsfrucht
4 Bio-Tulpen
eine große Portion Liebe und Vertrauen

Pürieren Sie alle Zutaten zu einer schönen Creme, und schmecken Sie diese ab.

Fügen Sie bei Bedarf mehr Zitronensaft oder mehr Süße hinzu.

Kratzen Sie das Innere aus der Passionsfrucht heraus, und stellen Sie es sich in einem Schälchen bereit.

Schneiden Sie von allen 4 Tulpen die Köpfe ab, entfernen Sie den Stempel und die Pollen, und stecken Sie die Köpfe am besten in kelchförmige Gläser (z. B. Likörgläser).

Geben Sie die Creme vorsichtig mit einem Teelöffel in die Blütenkelche hinein, und dekorieren Sie sie abschließend jeweils mit einem Klecks des Passionsfruchtfleischs.

Ja, Tulpen kann man tatsächlich essen! Es sollten jedoch unbedingt Tulpen biologischen Ursprungs sein. Im Frühling kann man solche in fast jedem gut sortierten Bioladen kaufen.

Sehr schön sehen Tulpenblüten, die man in Streifen geschnitten hat, auch aus, wenn man sie über einen grünen Salat streut.

»Sauer macht lustig« – Avocado-Limetten-Mousse

Erforderliche Geräte: Standmixer oder Zauberstab

Zutaten für 4 Personen

3 optimal reife Avocados
(gut geeignet sind Thai- oder Fuerte-Avocados)
1 Limette
4 EL Dattel-Vanille Paste (siehe S. 238)
1 kleine Prise Meersalz
etwas Abrieb der Limettenschale für die Dekoration
(nur bei Bio-Früchten!)
einen guten Schwung Liebe und Glücksgefühle

Lösen Sie aus den Avocados das Fruchtfleisch heraus, und entfernen Sie die Kerne.

Waschen Sie die Limette gründlich, und trocknen Sie sie anschließend ab.

Erzeugen Sie für die Dekoration mithilfe einer feinen Reibe Abrieb von der Schale, und stellen Sie ihn in einem Gefäß beiseite.

Pressen Sie nun den Saft aus der Frucht. Wie viel man davon für die Mousse verwendet, sollte jeder selbst entscheiden. Manche lieben es sauer, andere überhaupt nicht. (Rühren Sie vielleicht erst einmal die Hälfte des Limettensaftes unter, und probieren Sie.)

Pürieren Sie nun alle Zutaten (außer der abgeriebenen Schale) zu einer glatten Creme.

Wer es besonders fein mag, kann diese Creme noch durch eine Flotte Lotte drehen, weil noch kleine Fasern der Avocadofrüchte in der Creme enthalten sein können.

Kühlen Sie nun die Creme eine halbe bis ganze Stunde lang. Füllen Sie sie anschließend in schöne Gläser, und bestreuen Sie sie mit der geriebenen Limettenschale. Das sieht sehr schön aus und gibt der Creme noch einen extra Aroma-Kick.

Dieses Dessert lässt sich denkbar leicht herstellen. Das Rezept passt perfekt, wenn man reife Avocados verbrauchen muss und spontan etwas zubereiten will. Selbstverständlich ist auch Zitronensaft anstelle des Limettensafts gut geeignet.

Die Limetten-Mousse sollte rasch verbraucht werden, weil Avocados sich nach einiger Zeit an der Oberfläche bräunlich verfärben, und das sieht dann nicht mehr so ansprechend aus.

Tipp: Verwenden Sie anstelle des Limettensafts auch einmal Orangensaft. Das schmeckt ebenfalls hervorragend.

Macadamia-Vanillecreme

Erforderliche Geräte: Multizerkleinerer oder Zauberstab

Zutaten für 4 Personen

200 g Macadamianüsse
6 EL Dattel-Vanille-Paste (siehe S. 238)
1 TL Zitronensaft
1 Prise Vanillesalz (nur sehr wenig; siehe S. 240)
eine großzügige Portion Liebe und Sanftmut

Für die Dekoration

4 Spitzen Marokkanischer Minze
essbare Blüten zum Verzieren, z.B. Apfel-, Quitten- oder Kirschblüten

Pürieren Sie alle Zutaten (außer der Minze) zu einer schönen Creme. Es ist sehr angenehm, wenn die Creme noch leichte Nusspartikel enthält, also nicht ganz glatt püriert ist.

Kühlen Sie die Creme eine halbe bis ganze Stunde lang, und heben Sie dann Kugeln aus, die Sie abschließend mit der Minze und den Blüten dekorieren.

Im Grunde steht dieses Dessert bereits so, wie es ist, für sich selbst und schmeckt ausgezeichnet. Durch den hohen Fettgehalt der Macadamianüsse ist es auch recht gehaltvoll.

Eine fruchtige Soße, z.B. aus pürierten Pflaumen, Kirschen oder Himbeeren, schmeckt sehr köstlich dazu. Sie erzeugt dann einen schönen Kontrast zum süßen Vanillearoma der Creme.

Weil Macadamianüsse nicht vorher eingeweicht werden müssen, eignet sich dieses Rezept sehr gut dafür, wenn Sie einmal sehr spontan ein leckeres Dessert zaubern wollen.

Variation: Ergänzen Sie diese Creme mit einer Prise Zimt und einem zarten Hauch Muskatnuss. Dazu passt dann eine Kirsch- oder Pflaumensoße besonders gut.

Buchweizen-Kakao-Kekse
... auch als Törtchenboden geeignet

Erforderliche Geräte: Standmixer und Dörrgerät

Zutaten

für ca. 14 runde Kekse von ca. 8 cm Durchmesser und
ca. 8 ovale Kekse (ungefähr 1–2 Schubladen des
Dörrgerätes)

130 g Dattelpaste
ca. 180 g Kokosfleisch
(am besten von einer jungen Thai-Kokosnuss; oder
ca. 80 g Kokosraspeln in 400 ml Wasser einweichen)
1 geh. EL Roh-Kakao
ca. 120 g wilde Bananen (3 Stück)
oder 1 normale Banane
etwas Meersalz
1 geh. Messerspitze hausgemachtes
Orangenschalenpulver (siehe S. 240)
2 EL Leinsamenschrot
100 ml Blutorangensaft
(oder Saft von normalen Orangen)
150 g gekeimte helle Sesamsamen
50 g gekeimter Buchweizen
eine großzügige Prise Liebe und Schönheit

Verarbeiten Sie alle Zutaten, außer den Sesamsamen und dem Buchweizen, zu einem glatten Püree.

Rühren Sie den Sesam und Buchweizen unter, aber pürieren Sie diese nicht. Lassen Sie den Teig nun so lange stehen, bis er eine festere Konsistenz erhalten hat.

Tragen Sie den Teig entweder gleichmäßig auf die gesamte Fläche der Antihaftmatten der Dörrschubladen auf. Sie können den Teig aber auch in bestimmten Formen auftragen, z. B. in Kreisen, damit Sie gleich eine schöne Form für Törtchen haben.

Trocknen Sie den Teig etwa 7 Stunden lang im Dörrgerät. Wenden Sie ihn dann, und lassen Sie ihn für weitere 6–8 Stunden trocknen. Sehr lecker werden die Törtchen auch, wenn man sie nicht ganz austrocknen lässt. Dann haben sie eine weiche Konsistenz, die an Früchtebrot erinnert.

Dieser Teig ergibt relativ neutrale Kekse, die für sich allein schon köstlich schmecken. Man kann beispielsweise auch etwas Mandelbutter auf sie streichen und sie mit ein paar dünnen Bananenscheiben belegen. Das nennen wir bei uns daheim dann »Bananenbrot«, das wir z. B. liebend gern morgens zum Frühstückstee essen. Gleichzeitig sind diese Kekse eine perfekte Unterlage für spontane kleine Fruchttörtchen.

Tipp: Wenn Sie wollen, dass Ihre Kekse besonders bezaubernd aussehen, dann belegen sie diese vor dem Trocknen mit essbaren Blüten, wie beispielsweise Hornveilchenblüten.

Sesam-Leinsaat-Basiskekse
... auch als Törtchenboden geeignet

Erforderliche Geräte: Standmixer und Dörrgerät

Zutaten
für ca. 8–10 runde Kekse von ca. 8 cm Durchmesser und
ca. 25 ovale Kekse (ungefähr 1–2 Schubladen des Dörrgerätes)

- 6 EL rohes Haselnussmus (oder rohes Mandelmus)
- 300 g Dattelpaste
- 4 EL Zitronensaft
- 30 g gekeimter Buchweizen
- 2 EL Leinsamenschrot (von Goldleinsamen)
- eine kleine Prise Meersalz
- 150 g ganze Goldleinsamen
- eine großzügige Portion Liebe und Begeisterung

Verarbeiten Sie alle Zutaten, außer den ganzen Goldleinsamen, zu einem glatten Püree. Fügen Sie dann die Goldleinsamen hinzu, und rühren Sie sie gründlich unter. Lassen Sie das Püree so lange stehen, bis es eine feste, geleeartige Masse geworden ist.

Tragen Sie den fertigen Teig in der gewünschten Form oder ganzflächig auf die Antihaftmatten des Dörrgerätes auf. Kreisförmige Kekse sind schön und eigenen sich wunderbar als dekorative Unterlage für spontane Törtchen.

Trocknen Sie die Kekse ca. 7 Stunden lang im Dörrgerät. Wenden Sie sie dann – direkt auf die Gitter der Schubladen –, und trocknen Sie sie für weitere 6–8 Stunden.

Auch dieser Teig ergibt köstliche, relativ neutrale Kekse, die für sich allein schon supergut schmecken.

Tipp: Auch diese Kekse sehen bezaubernd aus, wenn man sie vor dem Dörren mit essbaren Blüten belegt. Veilchen-, Vergissmeinnicht- oder Wiesenschaumkrautblüten machen sich sehr hübsch.

»It´s Teatime«-Glückstörtchen

Erforderliche Geräte:
Standmixer, Zauberstab oder Mulitzerkleinerer;
Dörrgerät (für die Böden)

Zutaten für 4 Personen
4 Sesam-Leinsaat-Basiskekse (siehe S. 215)
  oder
4 Buchweizen-Kakao-Kekse (siehe S. 212)

Cashew-Bananen-Creme
100 g Cashewkerne
(über Nacht einweichen lassen)
  oder
100 g Mandelkerne
(über Nacht einweichen lassen)
ca. 50 ml Wasser
3 EL Dattel-Vanille-Paste (siehe S. 238)
eine kleine Prise Meersalz
1–2 EL Zitronensaft
50 g Banane (entspricht 2 kleinen Apfelbananen)

Früchte nach Jahreszeit und Wahl, z.B. Blaubeere,
Himbeere, Banane, Erdbeere, Melone
eine üppige Portion Liebe und Großmut

Für die Dekoration
einige Minzeblätter und essbare Blüten
(z.B. Hornveilchen)

Legen Sie die Basiskekse Ihrer Wahl auf Portionstellern oder auf einer Platte bereit.

Pürieren Sie die Zutaten der Cashewcreme zu einer cremigen Masse. Achten Sie darauf, dass diese nicht zu flüssig wird.

Streichen Sie dann die Creme auf die »Törtchen-Böden«. Die übrig bleibende Creme können Sie wie Schlagsahne zu den Törtchen dazu reichen.

Waschen Sie das für die Törtchen gewählte Obst gründlich, und verteilen Sie es auf der Creme.

Verzieren Sie die Törtchen mit Minzeblättern oder Blüten – und schon sind diese servierfertig.

Die Törtchen sollten relativ zeitnah zum Servieren hergestellt werden, weil die Böden mit der Zeit durch die Cashewcreme aufweichen.

Wenn man Melone verwendet, dann ist es sehr reizvoll, mit einem Minikugelstecher viele kleine Kugeln aus dem Fruchtfleisch herauszuheben und so »Melonenkaviar« herzustellen, den man dann auf die Törtchen türmen kann (siehe auf dem Foto links).

Ich habe immer einen kleinen Vorrat an Rohkeksen sowie an vorbereiteten Cashewkernen (bereits eingeweicht und anschließend wieder getrocknet) im Hause. So kann ich jederzeit spontan und blitzschnell köstliche Törtchen zaubern.

»Sunshine«
Kokos-Ananas-Passionsfrucht-Makronen

Zutaten für 4 (als Einzelgericht) bis 8 Personen (als Vorspeise)

250 g frisches Kokosfleisch
von jungen Thai-Kokosnüssen
200 g Fruchtfleisch von einer reifen Mango
ca. 120 g Fruchtmasse von Passionsfrüchten
2 EL Leinsaatschrot von gekeimtem Leinsamen
150 g Cashewkerne (Trockengewicht; einige
Stunden einweichen lassen)
1 kleine Prise Vanillesalz (siehe S. 240)
1 Spritzer Limettensaft
etwas Yaconsirup oder Manukahonig (wenn nötig)
1 geschälte, sehr reife Babyananas
eine große Portion Liebe und positive Energie

Kratzen Sie die Fruchtmasse aus den Passionsfrüchten aus, und pürieren Sie sie im Standmixer sehr fein (bis die schwarzen Kerne zerschmettert sind).

Fügen Sie alle restlichen Zutaten hinzu, und verarbeiten Sie sie im Mixer zu einer cremigen, doch noch leicht körnigen Masse.

Wem diese Masse nicht süß genug ist, der kann sie noch mit Yaconsirup oder Manukahonig nachsüßen. Ich selbst bevorzuge sie ohne zusätzliche Süße.

Schneiden Sie die Ananas in gleichmäßige Scheiben. Verteilen Sie nun diese Scheiben nebeneinander auf den Antihaftmatten des Dörrgerätes.

Heben Sie mit einem Eisportionierer Kugeln aus der Masse aus, und setzen Sie jeweils eine in die Mitte der Ananasscheiben. Trocknen Sie das Ganze für ca. 6 Stunden im Dörrgerät.

Sobald sich die Ananas-Makronen gut vom Bogen ablösen lassen, heben Sie sie vorsichtig mit einer Palette (ein Werkzeug zum Verstreichen von Cremes) ab,

und setzen Sie sie auf das nackte Gitter der Schubladen des Dörrgerätes.

Trocken Sie die Makronen einige weitere Stunden, bis sie die gewünschte Konsistenz haben. Je trockner die Makronen sind, desto länger sind sie haltbar.

Im halb feuchten Zustand, außen trocken, fast etwas knusprig und innen feucht, schmecken sie ausgesprochen köstlich, dann sollten sie aber innerhalb einer Woche verbraucht werden. Bewahren Sie sie kühl und luftdicht verschlossen auf.

Tipp: Diese Makronen haben allen meinen »Versuchskaninchen« super gut geschmeckt. Und weil die Makronen so schön aussehen, sind sie zudem ein hübsches, kleines Geschenk! Füllen Sie sie dafür in einen Zellophanbeutel, legen Sie die Unterseiten gegeneinander, und binden Sie den Beutel mit einer schönen Schleife zu.

»Taj Mahal«
Cashew-Dessert mit Orangen-Ragout

Erforderliche Geräte: Standmixer oder Multizerkleinerer

Zutaten für 4 Personen

Für die Creme
200 g rohe Cashewkerne
(über Nacht einweichen lassen)
Saft einer ½ Zitrone
1 geh. Messerspitze hausgemachtes
Orangenschalenpulver (siehe S. 240)
6 EL Dattel-Vanille-Paste (siehe S. 238)
1 gehäufte Messerspitze Kurkumapulver
1 Messerspitze Zimtpulver
1 geh. TL frisch gemahlener Kardamom
1 zarte Prise Meersalz
2–4 EL Rosenwasser
etwas Wasser (nur so viel wie nötig) zum Pürieren
eine zärtliche Prise Liebe und Sinnlichkeit

Für die Dekoration
gefärbte Kokosflocken (siehe S. 165)
hausgemachtes Orangenschalenpulver
Rosenblüten-Palmblütenzucker mit etwas
Rote-Bete-Pulver vermengt

einige Minzezweige
etwas Melone, Papaya oder Mango

Pürieren Sie alle Creme-Zutaten zu einer duftigen Creme. Schmecken Sie diese nach Ihrer Vorliebe ab.

Wenn Sie es ganz besonders machen wollen, können Sie aus Papier eine Schablone ausschneiden. (Ich habe mir die angedeutete Silhouette des Taj Mahal ausgeschnitten.)

Legen Sie diese Schablone auf einen Teller, und bestäuben Sie dann die freie Fläche mit dem Rosenblüten-Palmblütenzuckerstaub. Heben Sie anschließend die Schablone vorsichtig vom Teller ab.

Heben Sie nun mit zwei Löffeln z. B. eine große und zwei kleine Nocken aus der Creme aus, und setzen Sie sie auf die Silhouette (siehe Bild rechts).

Verzieren Sie mit Blüten und Minze (siehe Bild). Bestreuen Sie mit den zweifarbigen Kokosflocken den Tellerrand, und stäuben Sie über die gesamte freie Fläche einschließlich des Randes vorsichtig Orangenpulver.

Heben Sie aus der Frucht Ihrer Wahl zwei kleine Kugeln aus, halbieren Sie diese, und platzieren Sie sie passend.

Die Aromen von Rose, Kardamom, Kurkuma, Orange usw. verschmelzen bei diesem Rezept zu einer sinnlichen Sinfonie. Es ist ein perfektes Dessert zum Abschluss eines Candle-Light-Dinners oder für besondere Anlässe.

Tipp: Wer keine Cashewkerne mag, kann stattdessen auch sehr gut Mandeln verwenden.

Dieses Dessert widme ich aus vollem Herzen meinem geliebten Mann Mariam!

Smoothies

Flüssige Köstlichkeiten – »Fast Good Food« auf höchstem Niveau

Smoothies, egal, ob grüne oder andere, sind sehr gehaltvolle und gleichzeitig überaus köstliche Getränke. Sie ersetzen im Grunde eine Mahlzeit.

Besonders bei den Grünen Smoothies empfielt es sich, sie bewusst schluckweise zu trinken oder sogar zu löffeln und dann etwas im Mund hin und her zu bewegen.

Auf den nachfolgenden Seiten möchte ich Ihnen einige meiner Lieblingsrezepte vorstellen. Wie auch schon in meinem Buch *Das kleine Handbuch der rohköstlich gesunden Grünen Smoothies* (Schirner Verlag) widme ich jedem Smoothie eine schöne Affirmation. Mit diesen guten Gedanken schmecken die Smoothies gleich doppelt so gut … Stellen Sie sich beim Trinken einfach vor, dass sie diese Qualität mittrinken …

Bei den Grünen Smoothies habe ich bewusst die Mengen pro Person angegeben.

Damit Grüne Smoothies ihre kraftvolle Wirkung richtig entfalten können, sollte man täglich nicht nur ein Glas trinken.

Wissenswert ist auch, dass man zwischen einer Mahlzeit und dem Trinken eines Grünen Smoothies 30–45 Minuten verstreichen lassen sollte.

Gehen Sie, wenn Sie bisher noch keine Grünen Smoothies getrunken haben, bitte eher zurückhaltend mit Wildkräutern um. Viele Kräuter wie beispielsweise Löwenzahn, Vogelmiere oder Birkenblätter sind Zutaten, die Reinigungsprozesse im Körper stark anregen. Denken Sie deshalb auch immer daran, im Laufe eines Tages oft Wasser zu trinken, damit die Schlacken Ihren Körper auf sanfte und einfache Weise verlassen können.

Bei den fruchtigen Smoothies, die teilweise auf Mandelbasis sind, kann ich Sie einfach nur ermutigen, selbst zu experimentieren. Versuchen Sie, möglichst immer so zu kombinieren, dass Sie auf zusätzlichen Zucker verzichten können. Bestenfalls Datteln zum Süßen verwenden. Auch heilaktiver Manukahonig ist sicherlich eine gute Wahl. Doch am besten für unseren Körper ist es, einfach nur die reine und natürliche Fruchtsüße zu uns zu nehmen.

Und noch ein Tipp: Trinken Sie insbesondere die fruchtigen Smoothies langsam und mit Bedacht. Denn diese Smoothies sind echte Power-Getränke und enthalten mitunter reichlich Kalorien. Doch weil diese meistens superlecker sind, trinkt man leicht zu viel. Deshalb setze ich die fruchtigen Smoothies häufig auch einer Mahlzeit gleich.

Grüner Smoothie »Oh Happy Day«

Benötigte Geräte: Standmixer

Zutaten pro Person

150–200 g gemischte zarte Frühlingssalate
1 kompletter Apfel
½ Zitrone (dünn geschält)
1 reife Banane
eine knappe Handvoll reife Himbeeren
1 kleine reife Avocado
ca. 700 ml Wasser
eine großzügige Portion Liebe und Freude

Waschen Sie die Salatmischung gut, und schleudern Sie sie in der Salatschleuder. Das dient in diesem Fall weniger dazu, den Salat zu trocknen, als dazu, eventuell noch vorhandenen Sand oder sonstige Partikel herauszuschleudern.

Waschen Sie die restlichen Zutaten ebenfalls. Entfernen Sie die Schale von der Banane und von der Avocado, und lösen Sie den Kern der Avocado heraus.

Pürieren Sie nun alle Zutaten im Standmixer, bis der Smoothie schön cremig ist.

Dabei können Sie nach eigenem Geschmack Wasser beimengen – manche mögen den Smoothie dünner, manche dickflüssiger.

Tipp: Verwenden Sie das Waschwasser von Salat und Obst zum Pflanzengießen.

Affirmation

Voll froher und positiver Erwartungen beginne ich jeden Tag meines Lebens.

Ich habe es verdient, dass es mir gut geht, ich glücklich und gesund bin.

Grüner Smoothie »Klarer Kopf«

Benötigte Geräte: Standmixer

Zutaten pro Person

150–200 g Lattuga-Salat
1 kompletter Apfel
½ Zitrone (dünn geschält)
1 reife Banane
1 reife Birne
500 ml »Dinkula Enzymgetränk Sanddorn-Birne« oder 500 ml Wasser
eine Handvoll Zweige der Erdbeerminze oder einer anderen Fruchtminze
eine konzentrierte Portion Liebe und Achtsamkeit

Waschen Sie die Salatblätter gut, und schleudern Sie sie in einer Salatschleuder. Waschen Sie die restlichen Zutaten ebenfalls. Entfernen Sie beim Apfel und bei der Birne lediglich die Stiele. Schälen Sie die Banane. Waschen Sie die Erdbeerminz-Zweige.

Pürieren Sie alle Zutaten im Standmixer zu einem seidigen Smoothie. Nach eigenem Geschmack können Sie ihn mit etwas Wasser noch flüssiger machen.

Die Erdbeerminze habe ich als Pflänzchen auf unserem Wochenmarkt entdeckt. Ich war vollkommen begeistert. Sie ist nicht nur eine hübsche und robuste Pflanze, sondern auch dermaßen köstlich! Sie ist äußerst aromatisch und hat nur einen dezenten Minzgeschmack, der nicht dominiert.

Affirmation

Mein Bewusstsein ist wie ein klarer stiller Bergsee.
Ich ruhe in meiner Mitte, zentriert und in vollkommener Balance.

Grüner Smoothie »Elfen-Elixier«

Benötigte Geräte: Standmixer

Zutaten pro Person
eine Handvoll Vogelmiere
eine Handvoll Löwenzahnblätter
eine Handvoll Birkenblätter
100 g Endiviensalat
½ Zitrone (dünn geschält)
1 kleine reife Avocado
3 reife Apfelbananen oder 1 große Banane
500 ml »Dinkula Fermentgetränk Sanddorn-Birne« oder Wasser
eine fantastische Portion Liebe und Leichtigkeit

Waschen Sie die Wildkräuter, die Birkenblätter und den Salat gründlich. Schälen Sie die Avocado und die Bananen, und entfernen Sie den Kern der Avocado. Pürieren Sie alle Zutaten zu einem cremigen Smoothie.

Dieser Smoothie ist ein kraftvolles und schmackhaftes Geschenk der Natur. Sollten Sie keine Vogelmiere oder junge Birkenblätter zur Verfügung haben, so erhöhen Sie einfach die Menge des Endiviensalates und mischen Sie andere Kräuter unter, z. B. etwas Zitronenmelisse oder Blätter vom Fruchtsalbei.

Affirmation

Mit offenen Augen, klarem Bewusstsein und offenem Herzen nehme ich das Mysterium des Lebens in mir und um mich herum wahr.
Dankbar verneige ich mich vor dieser Schöpfung.

Erdbeer-Mandel-Smoothie »Frühlingsnektar«
... himmlisch sahnig!

Benötigte Geräte: Standmixer

Zutaten für 4 Personen
400–500 g Erdbeeren
2–3 TL Vanille-Dattel-Paste (siehe S. 238)
3–4 EL rohes Mandelmus
ca. 500 ml Wasser
1 EL Zitronensaft
etwas Meersalz
etwas schwarzer Pfeffer aus der Mühle
eine beschwingte Portion Liebe und Vitalität

Affirmation

Mit Leichtigkeit und einem beschwingten Herzen gehe ich durch das Leben.

Jede meiner Körperzellen schwingt voller Zufriedenheit und Glück.

Wohlbefinden ist mein natürlicher Seinszustand.

Waschen Sie die Erdbeeren, und pürieren Sie sie mit den restlichen Zutaten im Standmixer zu einem cremigen Smoothie. Durch das Mandelmus schmeckt er köstlich und total sahnig.

Dieser Smoothie ist blitzschnell zubereitet und begeistert immer wieder.

Schwarzer Pfeffer passt tatsächlich sehr gut zu Erdbeeren. Lassen Sie sich überraschen!

Tipp: Wenn Sie einmal keine frischen Erdbeeren bekommen, können Sie diesen Smoothie auch sehr gut mit tiefgefrorenen Erdbeeren zubereiten.

Scheherazades Rosen-Cappuccino

Benötigte Geräte: Standmixer

Zutaten für 4 Personen

800 ml frisch zubereitete Mandelmilch (siehe S. 239)
4 EL Rosenwasser
8 EL Dattel-Vanille-Paste (siehe S. 238)
2 EL Zitronensaft
1 Prise Safranfäden
1 Hauch Zimt
1 TL Kardamompulver
1 Tasse Eiswürfel
eine verschwenderische Portion Liebe und Sinnlichkeit

Bereiten Sie die Mandelmilch frisch zu, und geben Sie die restlichen Zutaten inklusive der Eiswürfel hinzu.

Pürieren Sie alle Zutaten im Standmixer schaumig, und servieren Sie den Smoothie in schönen Gläsern.

Dieses Getränk schmeckt besonders gekühlt einfach umwerfend gut – perfekt für einen lauen Sommerabend!

Dies ist eine erlesene, raffinierte und die Geschmacksnerven verwöhnende Komposition. Auch optisch ist sie sehr ansprechend, weil sich das Getränk in Schichten absetzt. Deshalb habe ich sie auch Cappuccino genannt.

Affirmation

Mein Körper ist der Tempel meiner Seele. Ich achte und liebe ihn.
Jeden Augenblick bin ich für das Geschenk dieses Körpers dankbar.
Durch positives Denken, Fühlen und Handeln sorge ich für mein Wohlbefinden auf allen Ebenen.

Melonen-Smoothie
»Hauch des Südens«

Benötigte Geräte: Standmixer

Zutaten für 4 Personen
ca. 1 kg Wassermelone
1 Limette (geschält)
2 EL Dattel-Paste (nach Geschmack)
1 Tasse Eiswürfel
eine Handvoll Minzblätter
4 Stängel Minze für die Dekoration
eine sonnige Portion Liebe und Lebensfreude

Schälen Sie die Wassermelone, und schneiden Sie sie in grobe Stücke. Schneiden Sie ebenfalls die geschälte Limette in grobe Stücke. Waschen Sie die Minzblätter, und schütteln Sie sie gut ab.

Pürieren Sie alle Zutaten im Standmixer zu einem glatten Smoothie. Füllen Sie diesen erfrischenden Smoothie in hübsche Gläser, und verzieren Sie ihn jeweils mit einem Stängel Minze.

Nicht nur an heißen Tagen ist dieser Smoothie eine fruchtige und leckere Erfrischung.

Er schmeckt auch ohne Minze schon total gut, aber sie verleiht ihm das gewisse Etwas.

Tipp: Ergänzen Sie diesen Smoothie einmal mit einer Handvoll reifer Erdbeeren. Das passt wunderbar zusammen und schmeckt absolut köstlich.

Affirmation

Ich bin beweglich und offen für Neues.
Das Leben ist ein wunderbares Abenteuer, und es steht mir frei, meine Aufmerksamkeit stets dem Nährenden, dem Harmonischen und dem Wohltuenden zuzuwenden.

Grundrezepte
Pizzaboden, Cracker und mehr

Auf den folgenden Seiten stelle ich Ihnen eine Reihe von Grundrezepten vor. Zum Beispiel ein paar Variationen von pikanten Rohteigen für Tartes, Pizzas oder simple Cracker, die man für belegte Brote oder als Beilagen zu Salaten oder Suppen verwenden kann.

Die Herstellung der Cracker usw. kann aufgrund der Dauer ihres Trocknungsprozesses bis zu zwei volle Tage in Anspruch nehmen. Daher rate ich Ihnen dazu, dass Sie sich einen Cracker-Vorrat anlegen. Je trockner das fertige Produkt ist, umso haltbarer ist es. Sie kennen das sicher von Trockenobst.

Weil allerdings die meisten Krusten (»Gebäcke«) wertvolle Saaten und Nüsse enthalten, sind sie natürlich nicht unbegrenzt haltbar – jedoch durchaus einige Wochen, wenn man sie kühl und dunkel lagert, damit die Fette der Nüsse und Saaten nicht ranzig werden.

Des Weiteren erwarten Sie Rezepte, die Ihnen zeigen, wie man schnell ein frisches Pesto oder vegane Mayonnaise zubereitet, gigantisch tolle Spaghettini aus Gemüse herstellt, alternative Süße selbst macht und einiges mehr. Haben Sie schon einmal selbst Sauerkraut hergestellt? Es ist denkbar einfach!

Soweit es im Rahmen dieses Buches möglich ist, will ich Ihnen eine gute Grundlage mit auf den Weg geben.

Süße Grundzutaten

Dattelpasten – gesunde alternative Süße

Selbst gemachte Dattelpaste ist eine sehr praktische und vielseitig verwendbare Basiszutat, auf die man jederzeit blitzschnell zugreifen kann, wenn man etwas süßen will.

Dattelpaste pur
6 Medjool-Datteln
300–500 ml Wasser
Liebe und Fröhlichkeit

Dattelpaste Vanille
8 Medjool-Datteln
3 ganze Vanilleschoten
1 EL Zitronensaft
300–500 ml Wasser
Liebe und Anmut

Zubereitung:
Waschen Sie die Datteln (und ggf. die Vanille), und pürieren Sie sie (zusammen) im Standmixer so, dass eine ganz feine Paste entsteht. Mit der Wassermenge können Sie bestimmen, wie dick- oder dünnflüssig die Konsistenz der Paste wird. (Bei der Dattel-Vanille-Paste werden übrigens die ganzen Vanilleschoten verwendet.)
Füllen Sie die fertige Paste in ein Schraubglas, und stellen Sie sie kühl.

Luftdicht verschlossen und gekühlt ist diese Dattelpaste gut bis zu zwei Wochen haltbar. Optimal ist es, wenn Sie ein Vakuumiergerät haben. Mit dessen Hilfe können Sie die Haltbarkeit noch erhöhen.

Mein Tipp: Ich bereite immer gleich die doppelte Menge Dattelpaste vor und fülle einen Teil der Paste in Eiswürfelbehälter. Bei meinem Behälter passt so ziemlich genau 1 EL in jedes kleine Eiswürfel-Fach. Wenn die Paste gefroren ist, drücke ich die Würfel in einen Beutel und lege diesen ins Tiefkühlfach meines Kühlschranks. Auf diese Weise habe ich die Paste immer »esslöffelweise« und schnell greifbar, denn sie schmilzt blitzschnell.

Grüne-Rosinen-Paste
200 g Grüne Rosinen
300 ml Wasser
Liebe und Lachen

Lassen Sie die Rosinen einige Stunden lang einweichen, und pürieren Sie sie dann, wie die Datteln bei der Dattelpaste, fein. Auch bei der Aufbewahrung und der Verwendung verfahren Sie auf die gleiche Weise. Diese Paste ist ebenfalls sehr köstlich und verfügt über eine angenehme Süße, weil grüne Rosinen sehr mild im Aroma sind.
Wenn Sie beim Pürieren eine Vanilleschote beigeben, erhalten Sie wiederum ein gutes Süßungsmittel mit Vanillearoma.

Duftblüten-Zuckerstaub
5 EL Palmblütenzucker
1–2 EL getrocknete Rosenblüten
    oder
1–2 EL getrocknete Lavendelblüten
Liebe und Sinnlichkeit

Mahlen Sie alle Zutaten im Mini-Blender zu einem Zuckerstaub. Das geht blitzschnell.
Füllen Sie diesen dann in ein luftdichtes Glas ab.

Mein Tipp: Ich benutze den Blütenzuckerstaub selten zum Süßen, sondern viel häufiger als essbare Dekoration bei Desserts.
Oder ich verwende ihn zum Wälzen von Trüffelpralinen.

800 ml Wasser im Standmixer zu einer seidigen Flüssigkeit.

Gießen Sie diese Flüssigkeit durch einen sogenannten Nussmilchbeutel oder durch ein feines, fusselfreies Tuch. Wringen Sie den Beutel (oder das Tuch) aus, sodass Sie die Milch regelrecht »herausmelken«. Übrig bleibt eine kompakte, fast trockene Mandelmasse, die man zum einen direkt z. B. zu Roh-Brot oder -Keksen weiterverarbeiten kann. Zum anderen kann man diese Mandelmasse auch im Dörrgerät vollkommen trocknen und das so entstandene Mandelmehl in einem luftdichten Behältnis für eine andere Gelegenheit aufbewahren.

Tipp: Auf die gleiche Art und Weise können Sie auch andere Sorten von Nussmilch herstellen, z. B. aus Walnüssen, Haselnüssen oder auch aus Hanf.

Frische Mandelmilch
ergibt 800 ml Mandelmilch
   200 g Mandeln in Rohkostqualität
   800 ml Wasser
   Liebe und Leichtigkeit

Lassen Sie die Mandeln für einige Stunden oder über Nacht einweichen, und spülen Sie sie gut ab. Pürieren Sie die Mandeln dann mit

Schnelle Mandelmilch
ergibt ca. 600 ml gehaltvolle Mandelmilch
   5 EL rohes Mandelmus
   550 ml Wasser
   Liebe und Fülle

Pürieren Sie das Mandelmus zusammen mit dem Wasser im Standmixer zu einer seidigen Flüssigkeit.

Tipp: Auf die gleiche Weise können Sie auch mit Haselnussmus, Sesammus usw. verfahren.

Lemongras-Saft pur
   1 Bund ganzes Lemongras
   Liebe und Optimismus

Geben Sie das Lemongras in einen Entsafter, der im Presswalzenverfahren arbeitet. So können Sie möglichst viel Saft aus dem Lemongras herauspressen.

Das Lemongras lässt sich vielseitig zum Aromatisieren einsetzen. Bewahren Sie es kühl und luftdicht auf, und verbrauchen Sie es innerhalb weniger Tage.

Tipp: Auch den Lemongras-Saft friere ich im »Eiswürfelverfahren« ein. So kann ich ihn würfelweise dem Tiefkühlfach entnehmen.

Curry, Salze, Zitrusschalen

Selbstgemachte Curry-Würzmischungen

I. »Basic Curry« Ingwer/Kurkuma/Zitrone
200 g Ingwerwurzel
100 g Kurkumawurzel
½ Zitrone (komplett)
Liebe und Hingabe

II. Feuriges Curry »Kali«
150 g selbst gemachtes »Basic Curry«
4 Knoblauchzehen
1 Mini-Chili (scharf!)
1 TL Fenchelsamen
1 TL schwarzer Pfeffer
2 EL Dattelpaste
2 TL Kreuzkümmel (ganz)
2 TL Korianderkörner
¼ TL Zimt
½ komplette Vanilleschote
½ TL Rosenpulver
(von Rotacker-Duftrosen)
140 ml Wasser
Liebe und Leidenschaft

III. Curry »Indian Rose«
150 g selbst gemachtes »Basic Curry«
1 gestr. EL Lemongras-Pulver
4 EL Rote-Bete-Saft
2 TL Duftrosenpulver
4 EL Dattelpaste
½ komplette Vanilleschote
Liebe und Offenheit

Pürieren Sie die Zutaten der jeweiligen Mischung mit wenig Wasser im Standmixer zu einer feinen Paste.

Streichen Sie dann diese Würzpaste auf die Antihaftmatten, und lassen Sie sie im Dörrgerät sehr gut durchtrocknen. Zerbrechen Sie die Trockenmasse grob, und pulverisieren Sie diese im Standmixer. Aufbewahrung am besten in lichtgeschützten und luftdichten Gefäßen.

Aromasalze selbst gemischt

Vanillesalz
150 g Meersalz
oder Himalayasalz
1 Vanilleschote
Liebe und Klarheit

Waschen Sie die Vanilleschote, trocknen Sie sie gut ab. Kratzen Sie das Mark aus, und schneiden Sie die Schale in sehr, sehr feine Stücke. Ein noch besseres Resultat erzielen Sie, wenn Sie die Schote in einem kleinen Mixer fein hacken. Ich benutze dafür meinen kleinen Personal Blender. Vermischen Sie das Salz mit der Vanille, und lassen Sie die Mischung 1–2 Wochen lang ziehen. Wenn das Salz etwas gröber ist, können Sie die Mischung entweder feiner mahlen oder aber portionsweise mörsern. So vermengt sich die Vanille noch besser mit dem Salz. Dosieren Sie dieses Salz beim Würzen sehr vorsichtig, weil das Vanillearoma intensiv ist.

Rosen- bzw. Zitronensalz
Mischen Sie anstelle der Vanilleschote entweder 1 gehäuften EL getrocknete Rosenblütenblätter oder 1 EL getrocknete Zitronenschale unter das Salz.

Getrocknete Zitrusschalen

Ich habe mir angewöhnt, die Schalen von Zitronen und Orangen, die ich nicht direkt in einem Rezept verwende, immer gleich im Dörrgerät zu trocknen. Im Mini-Blender lassen sich die getrockneten Schalen innerhalb von Sekunden zu einem feinen, farbenfrohen Aroma- oder Dekorationspulver mahlen.
Ich fülle diese Pulver in schöne Gläser und verschenke sie häufig. Die Beschenkten sind davon immer ganz begeistert.

Pikantes, Würziges

Benötigte Geräte:
Standmixer und Dörrgerät

Fruchtig-pikantes Knabber-Gemüseleder

500 g reife Tomaten (besonders
köstlich mit Kirschtomaten)
1–2 Ramiro-Paprika
(oder eine andere süße Sorte)
1 mittelgroße Zucchini
(wenn möglich gelb)
50–100 ml Wasser
2 EL gemahlene Leinsamen
1 mittelscharfe Peperoni
etwas Meersalz
etwas schwarzen Pfeffer aus der
Mühle
Liebe und Heilung

Waschen und entstielen Sie alle
Zutaten, und pürieren Sie sie im
Standmixer zu einem dickflüssigen
Brei. Verwenden Sie nur so viel
Wasser, wie unbedingt nötig ist.
Streichen Sie den Brei gleichmäßig
auf eine Antihaftmatte, und lassen
Sie ihn anschließend 4–5 Stunden
im Dörrgerät trocknen.
Sobald sich das Leder einfach von
der Matte lösen lässt, wenden Sie
es, und lasse Sie es so lange weitertrocknen, bis es eine geschmeidige,
lederartige Konsistenz bekommen
hat. Wenn das fertige Leder noch
weich genug ist, kann man auch
gut mit Ausstechformen Motive daraus ausstechen.

»Mogel-Schinken« von Thai-Kokosfleisch

Kokosfleisch von 2–3 jungen
Thai-Kokosnüssen
ca. 100 ml Tamari
oder »Bragg Liquid Aminos«
Liebe und Mitgefühl

Schlagen Sie die jungen Kokosnüsse
auf (und trinken Sie den Saft ge-
nüsslich oder verwenden Sie ihn
anderweitig). Kratzen Sie das zarte,
manchmal noch fast geleeartige
Fleisch mit einem Löffel heraus, und
schneiden Sie es in grobe, große
Streifen. Vermischen Sie das gesamte Kokosfleisch in einer Schale
gründlich mit dem Tamari, sodass
es komplett mariniert ist. Verteilen
Sie die marinierten Stücke auf den
Antihaftmatten, und lassen Sie sie
so lange im Dörrgerät trocknen,
bis sie wie ledrige, schinkenartige
Stücke aussehen und sich auch so
anfühlen. Diese Stücke schmecken
sehr würzig, sodass man glatt meinen könnte, Räucherschinken zu
knabbern. Dieser »Schinken« lässt
sich denkbar einfach und schnell
herstellen, und er eignet sich perfekt
als Knabberei für zwischendurch.
Auf ähnliche Art und Weise kann
man mit Auberginenscheiben
»Schinkenscheiben« herstellen (siehe Rezept »Dattel im ›Besser als
Speckmantel‹« auf S. 119).

Knusprige Würzzwiebeln

5 rote Zwiebeln
ca. 4–5 EL Weißes Miso
Wasser
Liebe und Humor

Schälen Sie die Zwiebeln, und hobeln Sie sie in sehr feine Ringe.
Lassen Sie diese bis zu 24 Stunden
lang in Wasser einweichen. Gießen
Sie das Wasser anschließend ab,
spülen Sie die Zwiebeln gut durch,
und tupfen Sie sie auf einem
Papierhandtuch leicht trocken.
Mischen Sie nun die Zwiebeln
mit dem Miso (massieren Sie es
regelrecht ein). Verteilen Sie die
Zwiebel-Miso-Masse auf einer
Antihaftmatte, und lassen Sie sie
im Dörrgerät so lange trocknen,
bis sie vollkommen trocken und
regelrecht knusprig ist, sodass sie
sich in grobe Krümel zerdrücken
lässt. Alternativ können Sie diese
trockenen Würzzwiebeln auch im
Mini-Blender zu Zwiebelwürzpulver
mahlen. Bewahren Sie die Stücke
bzw. das Pulver in einem luftdichten
Gefäß auf. Die Würzzwiebelstücke
schmecken fantastisch. Man kann
sie gut über Salate, auf Sandwiches
oder über Pizzas streuen. Meine
Erfahrung ist, dass die Zwiebeln
durch das längere Einweichen in
Wasser sanfter im Aroma sind und
weniger blähend wirken.

Hausgemachte Pestos

Benötigte Geräte: Standmixer

Bärlauchpesto
mit Cashewkernen
150 g frischer Bärlauch
100 g Cashewkerne
(einweichen lassen)
1 TL Meersalz
120 ml Olivenöl extra virgin
3 TL Melasse-Hefeflocken
Liebe und Begeisterung

Bärlauchpesto
mit Zedernkernen
150 g frischer Bärlauch
100 g Zedernkerne
1 TL Meersalz
120 ml Olivenöl extra virgin
3 TL Melasse-Hefeflocken
Liebe und Toleranz

Basilikumpesto
mit Cashewkernen
200 g frisches Basilikum
100 g Cashewkerne
(einweichen lassen)
1 TL Meersalz
120 ml Olivenöl extra virgin
3 TL Melasse-Hefeflocken
Liebe und Entspannung

Dillpesto
mit Pinienkernen
150 g frischer Dill
100 g Pinienkerne
1 TL Meersalz
120 ml Rapsöl
3 TL Melasse-Hefeflocken
Liebe und Toleranz

Zubereitung:
Waschen Sie für das jeweilige Pesto die entsprechenden Kräuter, und lassen Sie sie gut abtropfen.

Pürieren Sie dann die Kräuter mit den restlichen Zutaten im Standmixer zu einem cremigen Pesto.

Füllen Sie das fertige Pesto dann in ein Glas, und bedecken Sie die Oberfläche leicht mit Olivenöl. Lagern Sie das Pesto kühl und dunkel. Wenn Sie ein Vakuumiergerät besitzen, dann können Sie das Pesto damit optimal haltbar machen.

Auf die Idee, ein Dillpesto zu kreieren, brachte mich meine Schwester Uschi vor einem Jahr. Ihres schmeckte dermaßen genial, dass ich mich sofort daran begab, auch eines zu erstellen.

Marinierte Pilze gefüllt mit Dillpesto schmecken absolut köstlich.
Danke, Schwesterherz!

Mandel-Mayonnaise
5 EL rohes Mandelmus
100 ml Wasser
3 EL naturtrüber Apfelessig
1 TL Meersalz
¼ TL Kurkumapulver
1 TL Senfpulver
5 EL kalt gepresstes
Olivenöl extra virgin
Liebe und Toleranz

Schlagen Sie alle Zutaten, bis auf das Öl, im Standmixer zu einer feinen Creme. Gießen Sie das Öl in feinem Strahl, fast tropfenweise, während des Schlagens zu.

Sauerkraut selbst herstellen
... ist einfacher, als ich immer gedacht habe

Zutaten für eine gute Menge Sauerkraut
1 großer Spitzkohl oder 2 normale Weiskohlköpfe
2 mittelgroße Möhren
einige Lorbeerblätter
Meersalz (ca. 1 EL pro 150 g Kohl)
eine reichliche Portion Liebe und Enthusiasmus

Schneiden bzw. hobeln Sie den Kohl mit einem scharfen Messer oder einer Gemüse-Mandoline in feine Streifen. Schälen Sie die Möhren, und raspeln Sie sie mit einer Reibe in grobe Stücke. Mischen Sie die geschnittenen Möhren mit den Kohlstreifen, und kneten Sie die Mischung mit Salz in einer großen Schüssel kräftig durch.

Pressen Sie die Mischung immer wieder gründlich mit der Faust. Mit der Zeit wird immer mehr Flüssigkeit freigesetzt. Ich gebe das Salz nur nach und nach hinzu, gerade so viel, wie nötig ist, dass der Kohl schließlich gerade so im eigenen Saft steht. Das Kraut wird sehr kompakt, und man kann es kaum fassen, dass es ursprünglich große Kohlköpfe waren. (Beim ersten Mal hatte ich mir zwei große Gläser bereitgestellt. Am Ende wurde gerade mal eines voll.)

Schichten Sie nun den Kohl in ein steriles (zuvor mit kochendem Wasser ausgespültes) Gefäß. Ich verwende gern ein Glas. Füllen Sie eine Handvoll Kohl ein, legen Sie dann 1–2 Lorbeerblätter darauf, und pressen Sie alles mit der Faust fest, sodass es richtig saftig wird. Füllen Sie dann die nächste Schicht Kohl ein und so weiter. Wenn schließlich der gesamte Kohl im Gefäß ist, sollte der salzige Krautsaft das gesamte Kraut gut bedecken.

Nun klemme ich zwischen Kraut und Deckel ein kleines Glasgefäß, sodass sich der Deckel nur halb verschließen lässt und noch Luft an das Kraut kommt. Die ersten Tage über stelle ich das Aufbewahrungsgefäß zur Sicherheit noch in eine flache Schale, falls etwas von dem Salzwasser überlaufen sollte.

Nun kann man das Kraut an einem kühlen Platz (möglichst unter 20°C) so lange stehen lassen, bis es fertig ist, was nach 3–4 Wochen der Fall ist.

Das fertige Kraut stelle ich dann in den Kühlschrank und verschließe den Schraubdeckel ganz normal. Im Kühlschrank hält das Kraut wochenlang – sofern man es nicht ruck, zuck aufgegessen hat, weil es so köstlich ist.

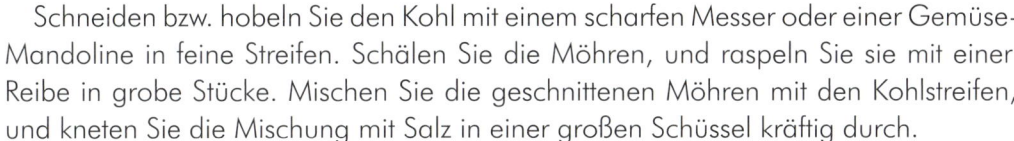

Dressings, Salsa, Guacamole

Benötigte Geräte: Standmixer

Blutorangen-Curry-Dressing

250 ml Saft von Blutorangen
60 ml naturtrüber Apfelessig
60 ml Citrolivenöl
1 Schuss Yaconsirup
1 TL Meersalz
7 Umdrehungen schwarzer
Pfeffer aus der Mühle
etwas Curry nach Wunsch
Liebe und Stille

Mixen Sie alle Zutaten zu einem Dressing.
Es passt sehr gut zu allen Bitter-Salaten wie Chicoree, Endivie oder Löwenzahn.

Guacamole

3 reife Avocados
1 Knoblauchzehe
1 TL Meersalz
Saft einer halben Zitrone
1 Chili
Liebe und Gelassenheit

Pürieren Sie alle Zutaten (das Avocadofleisch, den Knoblauch, die entkernte Chili, den Zitronensaft und das Meersalz) zu einer Creme.

Basilikum-Mandel-Dressing

2 geh. EL rohes Mandelmus
200 ml Wasser
30 ml Olivenöl extra virgin
15 ml naturtrüber Apfelessig
1–2 Knoblauchzehen
1 Bund (ca. 50 g) frisches Basilikum
ca. 1 TL Dattelpaste
oder Manukahonig
Meersalz und Pfeffer nach Geschmack
Liebe und Zuversicht

Mixen Sie alle Zutaten zu einem Dressing.
Es passt sehr schön zu knackigen Salaten wie z. B. Eisbergsalat.

Salsa Picante

4 EL Olivenöl extra virgin
3 EL rohes Mandelmus
150 ml Wasser
1 TL Meersalz
2 TL Paprikapulver (scharf, leicht geräuchert)
1 knapper TL naturtrüber Apfelessig oder Zitronensaft
Liebe und Abenteuerlust

Pürieren Sie alle Zutaten zu einer Salsa.
Durch die Menge des Paprikapulvers können Sie die Intensität der Schärfe bestimmen.

Salsa Diabolo

50 g getrocknete Tomaten (einweichen lassen)
30 g rote Zwiebel
1 mittelgroße Möhre
60 ml Tomaten-Einweichwasser
1 große gelbe Paprika
1 TL Meersalz
1 Chili
Liebe und Kraft

Pürieren Sie alle Zutaten zu einer Salsa.
Durch die Menge des Wassers können Sie die Dickflüssigkeit der Salsa bestimmen.

Spaghettini schneiden

Um rohe Gemüsespaghetti zurechtzuschneiden, gibt es verschiedene Modelle auf dem Markt. Obwohl der kleine Spiralschneider (siehe Abbildung) manchmal etwas »zickig« ist, ist er mein bevorzugtes Werkzeug. Er vermag so fantastisch feine und lange »Angelhair«-Spaghetti zu schneiden, deren Konsistenz beim Essen einfach einzigartig ist.

Wenn man mit Feingefühl und sanftem, ununterbrochenem Druck die Drehkurbel betätigt, so klappt das Spaghetti-Schneiden in der Regel ganz gut. Wichtig ist, dass man das Drehen nicht unterbricht, es sei denn, man möchte kurze Nudeln!

Die Schneidezacken des Spiralschneiders sollte man nach der Benutzung sogleich gründlich reinigen, damit die Reste darin nicht verkrusten und hart werden. (Ich habe mir eigens dafür eine Zahnbürste bereitgelegt, damit funktioniert das Reinigen sehr gut.)

Wer gern dickere Gemüsespaghetti mag, findet dazu eine Reihe von recht handlichen und guten Geräten im Handel. Und selbstverständlich kann man diese auch mit etwas Hingabe und Geduld von Hand schneiden.

So können Sie z. B. mit dem Sparschäler erst einmal breite, tagliatelle-ähnliche Streifen schneiden und diese dann mit einem Messer in dünnere Streifen schneiden. Natürlich können Sie auch einen Julienneschneider benutzen.

Auf jeden Fall ist es lecker, rohe Gemüsespaghetti oder -tagliatelle zu essen, und es macht Groß und Klein viel Spaß.

Pizzaboden
Grundrezept für Pizzas und belegte Brote

Benötigte Geräte:
Standmixer und Dörrgerät

Zutaten
100 g Walnüsse
(über Nacht einweichen lassen)
200 g Lauch
1 TL Dattelpaste pur
200 g Apfel
200 g Zucchini
½ l Wasser
2 TL Meersalz
120 g Leinsaatschrot
von dunklen Leinsamen
eine großzügige Portion Liebe und Begeisterung

etwas heller oder schwarzer gekeimter
Sesam zum Bestreuen

Spülen Sie die Walnüsse mit klarem Wasser gut durch. Waschen Sie den Lauch gründlich, und schneiden Sie ihn in grobe Ringe. Waschen Sie den Apfel, entkernen Sie ihn, und schneiden Sie ihn in grobe Stücke vor. Waschen Sie die Zucchini, und zerteilen Sie sie.

Verarbeiten Sie die Walnüsse gemeinsam mit dem Lauch und dem Wasser zu einem feinen Püree. Geben Sie dann die Apfel- und die Zucchini-Stücke dazu, und pürieren Sie diese ebenfalls fein. Fügen Sie die Dattelpaste, das Salz und das Leinsaatschrot hinzu, und pürieren sie diese in die Masse ein.

Lassen Sie anschließend die Masse ziehen. Nach knapp einer halben Stunde hat der Teig durch den Leinsamen eine dickliche, puddingartige Konsistenz bekommen und lässt sich sehr gut verarbeiten.

Streichen Sie für die Pizzaböden die Masse mit einem Silikonschaber in der gewünschten Kreisform auf den Antihaftboden des Dörrgerätes. (Sie können auch einfach die ganze Fläche bestreichen und die Masse dann mit einem Backspatel in 4 Segmente einteilen.)

Achten Sie darauf, dass der Teig am Ende schön gleichmäßig verteilt ist. Tauchen Sie den Silikonschaber ab und zu in kaltes Wasser, solange Sie die Masse verstreichen. Das ist sehr hilfreich.

Lassen Sie den Boden ca. 5 Stunden lang im Dörrgerät trocknen. Wenden Sie ihn dann, und legen Sie ihn direkt auf das Gitter. Ziehen Sie die Antihaftmatte vorsichtig ab, und lassen Sie den Boden weitere 5–6 Stunden trocknen, bis er eine knusprige Konsistenz bekommen hat. Sie können den Boden auch schon früher aus dem Dörrgerät nehmen, wenn Sie ihn etwas weicher mögen. Ein weicherer Boden eignet sich gut für saftig gefüllte Sandwiches.

Dieses Rezept ist ein echtes Grundrezept, das heißt, es bildet die Grundlage für vielerlei belegte Brote und Snacks oder »Pizzas«. Es gibt hierbei nicht wirklich einen Unterschied zwischen Pizza oder belegtem Brot außer dem klassischen Erscheinungsbild.

Es gibt unzählige Variationsmöglichkeiten dafür, wie man rohe Cracker bzw. Roh-Brot einsetzen kann, so, wie es natürlich endlose Varianten der Herstellung gibt. Es ist, wie bei allem in der Rohkost, einfach ein großes kreatives Feld, das darüber hinaus auch noch gesund und wohltuend für unseren Körper ist.

Dieser Teig eignet sich auch gut für kleine Stücke, die man zum Salat oder zur Suppe reicht.
Dafür kann man diese beispielsweise schön mit Sesamkörnern bestreuen.

Pikante Pizza-Cracker

Benötigte Geräte:
Standmixer und Dörrgerät

Zutaten

100 g Walnüsse
(über Nacht einweichen lassen)
200 g Lauch
1 TL Dattelpaste pur
200 g Apfel
200 g Zucchini
½ l Wasser
2 TL Meersalz
ca. 80 g Banane (3 kleine Babybananen)
250 g reife Tomaten
1 Ramiro-Paprika (ca. 100 g)
1 kleine, scharfe rote Chili
5 geh. EL gekeimtes Leinsamenschrot
3 geh. EL schwarze gekeimte Sesamsamen
eine pikante Blütenwürzmischung (z. B. »Scharf-
macher« von »Sonnentor«) zum Darüberstreuen
eine freudige Portion Liebe und Lachen

Verarbeiten Sie alle Zutaten wie beim Pizzaboden.
Fügen Sie das Leinsamenschrot und den schwarzen
Sesam ganz am Schluss hinzu, pürieren Sie diese bei-
den Zutaten also nicht mit.

Das Schrot dient dem Eindicken, der schwarze Sesam sorgt neben seinem Aroma auch für eine schöne
Optik.

Tragen Sie nun den Teig z. B. in einer runden Form in
gewünschter Dicke auf die Antihaftmatten auf.

Bestreuen Sie ihn mit etwas Blütenwürzmischung,
und lassen Sie ihn für 6–8 Stunden im Dörrgerät trocknen. Wenden Sie die Cracker, sobald sie sich einfach
von der Matte lösen lassen, und lassen Sie sie für
weitere 4–6 Stunden trocknen – bis zur gewünschten
Festigkeit.

Je trockener die Cracker sind, umso länger sind sie
haltbar. Bewahren Sie die fertigen Cracker in einem
luftdichten Behälter auf.

Diese Cracker schmecken z. B. mit einer simplen Guacamole (siehe S. 244) sehr lecker!

Rote-Bete-Wildreis-Cracker

Erforderliche Geräte: Standmixer und Dörrgerät

Zutaten für 4–8 Personen

200 g Wildreis
150 g Leinsamenschrot
ca. 0,7 l Rote-Bete-Saft
100 g Hanfsamen (gekeimt)
4 g Meersalz
eine großzügige Portion Liebe und Freude

Lassen Sie den Wildreis 1–2 Tage in Wasser einweichen, sodass er sich schön öffnet. Spülen Sie ihn dann mit frischem Wasser durch, und pürieren Sie ihn gemeinsam mit dem Rote-Bete-Saft, dem Leinsamenschrot und zwei Dritteln der Hanfsamen gründlich im Standmixer. Schmecken Sie die Masse mit Salz ab, und mischen Sie dann die restlichen ganzen Hanfsamen unter.

Verteilen Sie die Masse z. B. in Herzformen auf die Antihaftmatten des Dörrgerätes, und lassen Sie die Cracker 6–8 Stunden lang bei maximal 43°C trocknen.

Wenden Sie dann die Gitter, ziehen Sie vorsichtig die Antihaftmatten ab, und lassen Sie die Cracker 4–6 Stunden lang weitertrocknen.

Bewahren Sie die fertigen Cracker in einem luftdicht geschlossenen Behälter kühl und dunkel auf.

Die Cracker schmecken sowohl noch leicht feucht als auch ganz trocken, wenn sie richtig schön knusprig sind, sehr köstlich.

»Feuchte« Cracker sollten Sie innerhalb von ein bis maximal zwei Wochen verzehren.

Diese Cracker sind eine wunderbare Beigabe zu Suppen oder Salaten. Auch zusammen mit selbst gemachtem Nusskäse (siehe S. 120) sind sie eine Köstlichkeit.

Mariams Palmherz-Muffins

Benötigte Geräte: Standmixer und Dörrgerät

Zutaten für 18–20 Muffins

    500 g Palmherzen in Rohkostqualität
    2 EL Dattelpaste
    1 TL Meersalz
    1 EL Tamari
    1–2 EL Melasse-Nährhefe
    100 ml Wasser
    2 EL Leinsamenschrot
    3 geh. EL gekeimter Buchweizen
    1 Apfel (entstielt und entkernt)
    eine herzliche Portion Liebe und Wertschätzung

Schneiden Sie das Palmherz und den Apfel in grobe Stücke. Pürieren Sie dann alle Zutaten im Standmixer zu einer homogenen Masse. Sobald das Leinsamenschrot etwas gequollen ist und der Teig eine gute Festigkeit hat, heben Sie mit einem Eiskugelstecher Kugeln aus, und platzieren Sie diese auf der Antihaftmatte des Dörrgerätes.

Trocknen Sie die Kugeln für 6–8 Stunden, wenden Sie sie dann, und trocknen Sie sie erneut einige Stunden. Die Zeit kann je nach gewünschter Festigkeit variieren.

Dieses Rezept entstand bei mir eher aus der Not heraus. Ich hatte ein Palmherz im Kühlschrank, das ich verarbeiten wollte. Also kreierte ich diese Mischung, und das Resultat hat insbesondere Mariam, meinen Mann, so begeistert, dass er die Muffins innerhalb weniger Tage komplett allein aufgegessen hatte. Danach lag er mir dauernd in den Ohren, ich müsse diese »Teile« wieder machen und solle sie unbedingt ins Buch aufnehmen. Also: Hier sind sie!

Currycracker mit Ananas

Benötigte Geräte: Standmixer und Dörrgerät

Zutaten für 24–30 Cracker

zum Pürieren

100 g Walnüsse
80 g Lauch
150 g Apfel
200 g frische Ananas (geschält)
2 TL Currypulver
100 g gekeimter Buchweizen
ca. 600 ml Wasser
1 EL Meersalz
1–2 EL Dattelpaste

zum Untermischen nach dem Pürieren

100 g ganzer gekeimter Buchweizen
100 g ganzer Goldleinsamen
eine großzügige Portion Liebe und Frohsinn

einige Stücke Ananas für die Dekoration

Mixen Sie alle Zutaten zum Pürieren im Standmixer zu einer glatten Masse.

Mischen sie anschließend den ganzen Buchweizen und den Goldleinsamen unter den Teig. Sie geben den Crackern nach dem Trocknen einen knusprigen Biss.

Füllen Sie die Masse in schöne Formen, oder tragen Sie sie auf die gesamte Fläche der Antihaftmatte des Dörrgerätes auf.

Legen Sie auf jedes Teil ein kleines Stück Ananas. Trocknen Sie den Teig 6–8 Stunden lang, und wenden Sie ihn, sobald er sich leicht von der Antihaftmatte lösen lässt. Trocknen Sie ihn dann erneut 3–4 Stunden lang, bis er die gewünschte Festigkeit besitzt.

Diese Cracker schmecken z. B. wunderbar zu selbst gemachtem Cashewkäse (siehe S. 120).

Pikante Kruste für Tartelettes

Erforderliche Geräte: Multizerkleinerer und Dörrgerät

Zutaten für 4 Tartelettes mit ca. 10 cm Durchmesser

120 g Cashewkerne
40 g Macadamianüsse
3 EL geschrotete Leinsamen
1 EL kalt gepresstes Olivenöl extra virgin
ca. ½ TL Meersalz
ca. 3 EL Brottrunk oder Wasser
ca. 1 EL Zitronensaft
eine grenzenlose Portion Liebe und Dankbarkeit

Varianten

Pürieren Sie je nach gewünschter Geschmacksrichtung für den Teig eine der folgende Zutaten mit:

ca. 10 g frische Rosmarin-Nadeln
ca. 10 g frischer Liebstöckel
ca. 10 g Bärlauch
1 kleine Knoblauchzehe

Hacken Sie alle Zutaten im Multizerkleinerer so klein, dass Sie eine gleichmäßige Masse erhalten, die aber noch kleine Stückchen enthält. Dadurch hat sie noch einen gewissen Biss. Geben Sie die Flüssigkeit vorsichtig zu, der Teig soll schön geschmeidig sein, jedoch nicht zu nass. Teilen Sie anschließend den Teig in vier gleich große Stücke.

Stellen Sie sich vier kleine Tarteförmchen mit einem Durchmesser von ca. 10 cm bereit. Optimal sind Förmchen, deren Boden flexibel ist, sodass man die Tartes einfach herauslösen kann. Wenn Sie keine flexiblen Förmchen haben, ist es sinnvoll, die Förmchen mit Klarsichtfolie auszulegen, bevor Sie den Teig hineindrücken. Die Krusten lassen sich dann gut mit der Folie herausheben.

Ölen Sie die Förmchen leicht ein, und drücken Sie den Teig gleichmäßig hinein. Verteilen Sie ihn auch am Rand gut, damit die Krusten im fertigen Zustand gut aussehen.

Stellen Sie die gefüllten Förmchen für 1–2 Stunden ins Dörrgerät. Holen Sie sie heraus, lösen Sie vorsichtig die Tartes aus den Förmchen, und stellen Sie sie erneut, nun ohne Förmchen, auf das Gitter des Dörrgerätes. Lassen Sie sie für weitere 2 Stunden trocknen.

Die fertigen Tartes sollten dann direkt weiterverarbeitet oder in einem flachen, luftdichten Gefäß kühl aufbewahrt werden. Wollen Sie die Krusten länger als nur ein paar Tage aufbewahren, sollten sie sehr trocken sein. Lassen Sie sie also entsprechend länger im Dörrgerät.

Hinweis: Wenn Sie gefüllte Tartelettes machen wollen, müssen Sie die Krusten am Vortag zubereiten.

Tipps: Verwenden Sie anstelle normalen Olivenöls auch einmal eines mit Pilz- oder Trüffelaroma.

Der Teig schmeckt, vor allem, wenn er mit einem Gewürzkraut wie Rosmarin oder mit Trüffelöl zubereitet wurde, so gut, dass man daraus auch herrliche Knabberkekse herstellen kann.

Abbildungsverzeichnis

Alle Aufnahmen der Rezepte und weitere Abbildungen,
soweit nachfolgend nicht anders angegeben, von
Teresa-Maria Sura

Abb. Spiegelau-Gläser (S. 35 und S. 40)
mit freundlicher Genehmigung der
Spiegelau GmbH und von Susanne Berk, Berk Import

Abb. Panoramabild (S. 2–3), Sternenfrucht
und Ananas-Granatapfel (beide S. 166),
Fruchtlederspieß (S. 181)
Fotografie Stephan Anurago Krause

Abb. Spagettini-Schneider (S. 30)
mit freundlicher Genehmigung von
Miu France – Quality Kitchen Tools

Abb. Portrait (S. 14)
Fotografie Evelyn Grossmann, www.lemonimage.de

Abb. Taj Mahal (S. 221)
Fotografie Mariam Sura

Abb. Keramikmesser, CitriStar, GlaesLife, greenstar,
personal blender (pb), Sedona Dörr., VM – vitamix
(S. 26–32) mit freundlicher Genehmigung der
Keimling Naturkost GmbH

Abb. Wasserionisierer AlkaBest™ (S. 29)
mit freundlicher Genehmigung
der SANUSLIFE GmbH

www.fotolia.de

Seite 11 #494305;
Seite 12 #6866480;
Seite 35 #22229455;
Seite 37 #489366;
Seite 38 #8660355;
Seite 41 #12598878;
Seite 42 #2034517;
Seite 42 #25609744;
Seite 43 #19255339;
Seite 43 #221437;
Seite 44 #18252743;
Seite 44 #2209893;
Seite 44 #21462515;

Seite 45 #14613960;
Seite 45 #648107;
Seite 46 #12640416;
Seite 46 #9465655;
Seite 46 #11729353;
Seite 46 #25111180;
Seite 46 #26757620;
Seite 47 #26872177;
Seite 47 #23571756;
Seite 47 #22907953;
Seite 59 #20383309;
Seite 81 #12878966;
Seite 92 #26676938;

Seite 110 #29987744;
Seite 136 #18579287;
Seite 138 #5535298;
Seite 142 #1233088;
Seite 164 #6607910;
Seite 164 #764797;
Seite 164 #8623190;
Seite 179 #24027027;
Seite 186 #7628767;
Seite 187 #6587324;
Seite 208 #2171624;
Seite 209 #2171590;
Seite 212 #4682721;

Seite 238 #20383309;
Seite 239 #12540598;
Seite 240 #10754939;
Seite 240 #19775810;
Seite 242 #20067350;
Seite 242 #26288676;
Seite 242 #1433116;
Seite 244 #95104;
Seite 244 #23571756;
Seite 251 #5864207

Bleiben Sie in Kontakt mit Teresa-Maria Sura und ihrer bioenergetischen und kreativen Vitalkost:

Auf www.taste-of-love.de finden Sie immer wieder Informatives, Innovatives und viele Anregungen, die Ihnen sicher Freude machen.

Darunter finden Sie neue Rezepte, Kurse, interessante Zutaten und Accessoires.

Im dazugehörigen Webshop erhalten Sie ausgewählte Zutaten, Accessoires, Geräte, Bücher und was sonst noch wichtig ist, damit Sie Ihrer(m) inneren Gourmet-Köchin/ Koch freien Lauf lassen können.

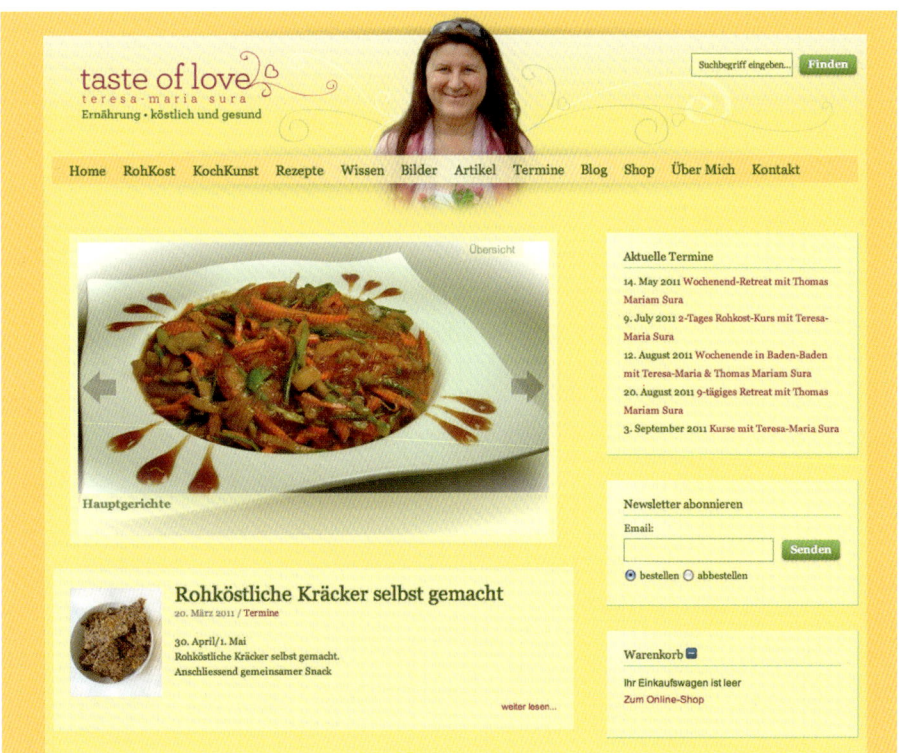

Weitere Informationen bei:

www.taste-of-love.de

sura@taste-of-love.de, Tel: 07221–1838600

»Lasst eure Nahrungsmittel
eure Heilmittel sein.«
Hippokrates